작은 나라가 사는 길

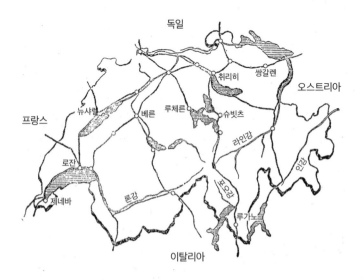

독일

취리히 쌩갈렌

오스트리아

프랑스 뉴샤텔 베른 루체른 슈빗츠

라인강

로잔

제네바 론강 포오강 루가노

이탈리아

작은 나라가 사는 길

스위스의 경우 - 李漢彬

열화당 영혼도서관

이 책과 이 책의 출판에서 나오는 수익은
스위스 트로겐에 있는 「페스탈로치 아동촌
한국의 집 Koreahaus, Kinderdorf Pestalozzi, Trogen」에 바친다.
─1965년 발행 시 수록된 원문

일러두기

이 책은 1965년 동아출판사에서 발행한
이한빈의 『작은 나라가 사는 길: 스위스의 경우』를
복간한 것입니다. 저자의 의도와 당시
상황을 정확히 전달하기 위해 원본을 최대한 존중하고,
지금의 독자를 위해 현대 맞춤법을 적용했습니다.
숫자와 외래어는 한글로 표기했습니다.

머리말

나는 1962년부터 삼 년간 스위스에서 지냈다. 열다섯 해 전 미국에서 대학원 생활을 한, 두 해를 제외하고는 외국에 체재한 가장 긴 기간이었다. 이 기간 나에게는 뚜렷한 공적 임무가 있었다. 즉 스위스를 비롯한 네 나라와 국교관계를 개설하는 일이었다. 나는 미력이나마 이 일에 힘썼다. 그러나 나에게는 또 하나의 충동이 있었다. 그것은 내가 살고 있는 조그만 나라 스위스에서 우리나라에 도움 될 교훈을 찾아내자는 충동이었다. 이 충동의 계기는 그 나라의 아름다운 자연보다는 오히려 그 경이적인 경제적 번영에 있었음은 물론이다. 또 나의 깊은 관심을 일으킨 것은 그 경제적 번영 뒤에 이질적인 것들을 가지고 하나의 국가를 형성하고 유지해 나가는 총체적인 의미에서의 스위스의 국가운영방식이었다. 아마도 여기에는 스위스에 가기 전의 나의 국내에서의 경험이 다소 관계가 있었을는지도 모르겠다. 어쨌든 나는 작은 나라 스위스를 하나의 전체totality로 보는 데 흥미를 느꼈다. 작기 때문에 더 쉬웠을는지도 모른다. 나는 수수께끼를 풀어야 했다. 작으면서도 어떻게 부강한 나라가 될 수 있는가? 하나가 될 수 없는 땅이 어떻게 한 나라가 될 수 있는가? 가난할 수밖에 없는 땅이 어떻게 번영을 누릴 수 있는가? 이런 질문은 스위스에 사는 외국 사람이면 하루라도 의식하든지 아니하든지 간에 머릿속에 가지지 않을 수 없는 질문들이다. 나는 이런 수수께끼를 풀고 싶었다. 그래서 자연히 여행기보다는 좀 더 길고 체재기보다는 좀 더 깊은 글을 써 보려는 마음이 생겼다. 그것도 겨우 떠날 임박에……. 그래서 나온 것이 이 조그만 책이다.

이 책의 구조는 경제·사회제도, 국민성과 역사의 세 부분으로 이루어져 있다. 말을 바꾸면 삶·틀·길의 셋이다. '삶'은 '틀' 위에서 영위되고, '틀'은 '길'에서 발생한다는 것이 이 책의 메시지이겠다. 이런 입장에 서기 때문에 이 글에서는 자연히 스위스 사회의 적극적인 면이 관심의 대상이 되었다. 스위스는 지상의 낙원은 아니다. 사람이 사는 고장이니 양지도 있지만 그늘도 있다. 그러나 이 책은 음양을 재미있게 대조하여 묘사하는 여행기는 아니다. 같은 이유에서 이 책에서는 우리나라와의 비교를 억지로 하지 않았다. 적어도 어떤 면과 면의 비교는 삼갔다. 왜냐하면 하나의 사회를 그 전체로서 관찰할 때에는 그것의 각 면은 전체의 부분으로서만 의미가 있고, 따라서 그 부분들이 어떻게 내부적인 관련성을 가지고 전체를 형성하느냐 하는 각도에서 보아야 그 면들이 의미를 갖게 된다고 믿기 때문이다.

다만 필자로서 다짐하는 것은 이런 시작試作이 시작始作이 되어 한국에 관하여도 면들을 전체에서 보는 방식의 시도를 다음 기회에 하여야 되겠다는 충동을 강하게 느낀다는 사실이다. 하나의 머리의 조차장操車場이 되기를 바랄 따름이다.

이 글의 원고를 통독하고 여러 가지 도움되는 시사를 해 준 베를린의 최정호 형과 국내의 박문옥, 전정구 형에게 깊은 사의를 표한다. 또 교정을 담당해 준 윤항렬 군에게도 뜨거운 감사를 보낸다.

그리고 이 책의 경개梗槪를 미리 게재해 준 사상계사와 출판을 맡아준 동아출판사에 대하여 심심한 사의를 표한다.

1965년 10월 남산 밑에서
이한빈

차례

제1부
지리와 경제

1. 혼성민족의 나라

「자연은 인간을 만든다.」 이 말은 스위스 사람들이 즐겨하는 말이요, 또 그들에게 잘 들어맞는 말이다. 스위스는 무엇보다도 먼저 알프스의 나라다. 산골의 나라요, 산꼭대기의 나라다. 정상이기 때문에 산줄기도 여기를 중심으로 남서쪽으로 달리면 프랑스와 이탈리아와의 경계를 이루고, 북동쪽으로는 오스트리아와 독일과 이어진다. 산 밑의 골짜기를 따라 물줄기도 사방으로 흐르게 마련이다. 실로 유럽의 4대강인 론Rhône, 라인Rhine, 포Po, 인 다뉴브Inn Danube가 다 스위스 알프스에 그 근원을 두고 있다. 자연은 또 문화를 규정한다. 산을 따라 물이 흐르고 물을 따라 말이 달라진다. 론Rhône강은 사천 미터 높이의 만년설 덮인 알프스의 힘찬 두 줄기 연봉 사이에 있는 발레협곡Valais에서 시작하여 남서로 흘러 레만호Lac Léman에 이르러 로잔Lausanne, 제네바Genève와 같은 프랑스어

레만호 북단에 있는 시용성과 알프스

를 쓰는 아름다운 도시들을 스쳐 지나서 남프랑스를 거쳐 지중해로 흘러 들어간다. 라인Rhine강은 론강 근원 바로 고개 너머 고트하르트령에서 시작하여 북동으로 오스트리아와의 국경을 연沿하여 흐르다가 보덴호에서 독일과 접경하여 북서로 크게 구부러져 강상의 항구도시인 바젤 근처에서 알프스 음지에 있는 베른, 루체른, 취리히 등 독일어 사용지역의 뭇 지류들을 모은 다음 독일, 네덜란드를 거쳐 북해로 흘러 들어간다.

포Po강은 알프스 남쪽 이탈리아어 사용지역인 티치노 골짜기에서 시작하여 외교사에 이름난 로카르노와 같은 양지바른 도시들을 낀 마지오레호를 거쳐 아드리아해로 향한다.

인Inn강은 동부 스위스의 로만슈어를 사용하는 유명한 스키도시 생모리즈St. Moritz의 협곡에서 근원하여 오스트리아로 흘러 들어가 1964년 동계올림픽의 장소 인스부르크를 거쳐 다뉴브강과 합류한다. 이렇게 하여 알프스의 나라 스위스는 그 산과 물의 줄기에 따라 네 가지의 언어를 사용하는 민족들이 같이 어울려 사는 혼성국가이다.

알프스를 가운데 두고 론강과 라인강, 지중해와 북해, 라틴문화와 게르만문화가 서로 만나는 고장이 작은 나라 스위스이다.

스위스의 면적은 사만천 제곱킬로미터로 한반도 전체의 오분의 일밖에 안 된다. 1963년 현재 총 인구는 오백팔십만이다. 그 중 칠십만은 외국인 노동자인데, 이들을 제외한 본래

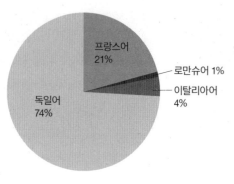

스위스 인구 구성 (사용언어별)

의 인구는 오백만을 조금 넘는 셈이다. 본래 인구를 사용언어에 따라 나누면 독일어 사용인구가 칠십사 퍼센트, 프랑스어 사용인구가 이십일 퍼센트, 이탈리아어 사용인구가 사 퍼센트, 그리고 로만슈어 사용인구가 일 퍼센트이다.

　로만슈어는 라틴어의 특수한 방언으로 이 말을 사용하는 사람들은 전인구의 일 퍼센트에 불과하지만 역시 국어로 인정받고 있어 그 지방의 아동들은 학교에서 로만슈어로 된 교과서로 학과를 배울 권리가 있지만, 공용어는 독일어·프랑스어·이탈리아어 세 가지이다. 그러므로 공적으로는 로만슈어를 이탈리아어와 한 집단으로 인정하는 것이 관례이다.

　세상에는 단일 언어와 민족으로도 단일국가를 형성하지 못하는 나라들이 많은데, 오백만의 스위스 사람들은 어떻게 네 개의 국어를 쓰는 이민족異民族끼리 오랫동안 한 나라를 유지해 왔는가? 과연 우리에게는 놀라운 일이 아닐 수 없다.

말은 사람의 감정을 통하는 길이다. 말은 또한 사랑을 전하는 매개도 된다. 같은 말을 쓰지 않으면 부부간에도 감정의 융합이 어려울 것이다. 적어도 부부 중 한 쪽이 다른 쪽의 말을 할 줄이라도 알아야 정을 통하면서 같이 살 수 있을 것이다. 스위스와 같은 혼성국가의 경우는 꼭 국제결혼에 의한 가정의 경우와 같다. 보기에 따라서는 칠 할이라는 독일어를 쓰는 남편과 이 할이라는 프랑스어를 쓰는 아내간의 이해에 의한 결혼생활과 같은 데가 있다. 슈비츠 튀치Schweizerdeutsch라고 불리는 '스위스독일어'는 심한 사투리로서 독일 사람들은 알아듣지 못한다. 스위스 사람들 자신들도 일상 회화에서는 사투리만 쓰지만 글에는 반드시 학교에서 배우는 정식 독일어를 사용한다. 이와 반대로 '스위스프랑스어'는 표준어에 가까운 프랑스말로서 심지어 독일어 사용지방의 스위스 아동들도 초등학교 상급반에서부터 모두 그것을 배우기 때문에, 서로 언어가 다른 지방 사람들끼리 만날 때에는 소수의 언어이지만 프랑스어로 대화하는 것이 보통이다. 물론 의회나 공식 회석에서는 독일어·프랑스어·이탈리아어 세 가지 공용어 중 각기 자기의 모어를 사용한다.

아마도 인간관계는 가정에 있어서나 국가에 있어서나 마찬가지인 것 같다. 남편이 아내의 사정을 봐주고 다수가 소수에게 관용을 베풀 때, 비로소 국제결혼이나 혼성국가도 유지되는 것 같다. 스위스 사회를 관찰하는 내외의 많은 식자들이 이 사회는 자연적인 감정적 융합보다는 이성적인 이해와 관용과 타협으로 결합되어 있다고 갈파하고 있는데, 그것은 사실에 잘 맞는 표현인 것 같다.

알프스에서 흐르는 여러 줄기의 강물은 스위스 땅 위에 여러 갈래의 말을 하는 하나의 혼성국가를 이루어 놓았다. 스위스 사람들은 좁은 골짜기에 혼자 사는 것보다는 산 너머의 남과 어울려 같이 사는 것이 피차 잘 사는 길이라는 이치를 일찍 깨달은 국민이다.

스위스라는 국명은 프랑스어로는 Suisse, 독일어로는 Schweiz인데, 이 고장을 처음으로 세계역사에 기록한 사람은 로마의 장군 줄리어스 시저Julius Caesar였다. 일찍이 지중해 주변에서 꽃핀 유럽 문명의 빛을 알프스 북쪽으로 뻗치게 한 것은 로마 초기 시저의 군사에 의한 갈리아 정복에서 비롯한다. 시저는 라인강 하류에 주둔한 전방부대와 이탈리아반도를 연결하는 보급로를 확보하기 위하여 알프스에 고갯길을 개척했다.

지금의 그랑 생 베르나르Grand Saint Bernard령을 넘어 레만호에서 바젤에 이르는 전략루트를 개척했던 것이다. 그의 수기인 『갈리아전기』에는 알프스 바로 너머의 협곡에 헬베티아Helvetia라는 지역이 있는데, 이 헬베티아족은 매우 용맹스러운 부족이며 족속은 많고 땅은 토박하여 먹을 것이 없어서 산골짜기에서 탈출하여 서쪽 갈리아평원을 향하여 부족의 이동을 시도하려는 것을 그 관문인 레만호의 입구, 지금의 제네바에서 겨우 막아냈다 한다. 이것은 기원전 58년의 일이었다. 이 헬베티아족이 스위스의 기원이다. 이 원시 스위스 족들의 이천년 전부터 밖으로 나가려는 몸부림이 얼마나 되풀이하여 오늘에 이르렀는가를 아래에서 보게 될 것이다.

스위스가 한 나라를 이루기 시작한 것은 13세기 말이었다. 이것은 우리의 고려 말기에 해당한다. 유럽 역사에 있어서 일찍이 5세기에 서로마제국이 멸망한 뒤 무너진 통일 유럽 제국을 재생시켜 보려는 꿈을 갖고 10세기에 창건된 독일민족의 신성로마제국 속에서 스위스도 발생해 나왔다. 신성로마제국의 판도는 지금의 독일과 이탈리아였다. 이 두 지역을 유기적으로 연결하는 관문으로 12세기에 벌써 알프스를 넘는 고트하르트Gotthard령이 개통되었다. 이 곳에는 지금도 취리히와 밀라노를 연결하는 최단거리의 철도(터널)와 육로가 통과하고 있지만, 그 당시에 있어서도 라인강 지역과 롬바르디아 평원을 연결하는 중요한 통로였다. 이 관문을 북쪽으로부터 접근하자면 루체른에서 고트하르트령 밑까지 길게 굴곡된 루체른호를 거쳐야 한다. 이 호수의 본명은 '네 숲속의 고장의 호수'라는 이름인데, 네 고장 중에 우리·슈비츠·운터발덴의 세 고장이 있다. 이 세 고장은 13세기에 유명한 합스부르크공가公家의 영토로 되어 있었다. 이 오스트리아의 봉건군주는 신성로마제국 안에서도 가장 세력이 큰 공가로서의 전략적인 고트하르트령도 그 소유였다. 그 관문을 장악함으로써 막대한 경제적 이득을 얻고 있었다. 그렇기 때문에 더욱이 그 접근로에 위치하고 있는 위의 세 고장에 대한 지배도 강화하였다. 요소에 성을 쌓고 집정관들을 주재시켜 압제적인 통치를 하였다.

이런 외래봉건군주의 압제에 못 이겨 세 숲속의 고장의 대표들이 1291년 8월 1일 뤼틀리Reutli라는 안벽岸壁 위의 초장草場에 모여 합스부르크공가 영주의 기반으로부터 벗어나기 위한 공동방위의 맹약을 맺은 것이 바로 오늘날의 스위스 연방의 기원이다.

뤼틀리 맹약의 역사는 윌리엄 텔의 전설을 중심으로 하는 향토사화로 남아 있는데, 이 유명한 전설의 줄거리는 다음과 같다.[1]

우리와 운터발덴은 로마 때부터 황제의 허가를 얻어 자유롭게 살아온 고장이었다. 슈비츠는 스웨덴에서 살기 어려워 새 땅을 찾아온 이민들이 살고 있었다. 오랫동안 자유를 누리다가 합스부르크의 루돌프공이 독일의 황제가 되었을 때, 자기들의 자유를 존중해 준다는 조건 아래 그 밑에 예속되었다. 루돌프공은 약속을 지켰다. 그러나 그 신하인 집정관들은 폭군들이었다. 백성들의 소를 빼앗고 부녀자를 해하고 자유를 업신여기고 모욕적인 요구를 해 마지않았다. 이런 압제에 못 이겨 세 칸톤의 대표들은 뤼틀리 숲속에 모여 압제자들을 내쫓자는 비밀의 맹약을 한 다음 거사를 준비하고자 각자 자기 골짜기로 돌아갔다.

---

1. 윌리엄 텔 전설을 중심으로 한 스위스 건국사료로서 잘 알려진 것은 16세기 Glarus의 역사가 Aegidius Tschudi가 쓴 *Chronicon Helveticum*이다.

그런데 우리의 집정관 게슬러Gessler가 자기의 통치의 표시로 알트도르프의 장터에 작대기를 세우고 그 위에 모자를 씌워 놓고 지나가는 사람마다 그 모자를 향하여 경례를 하라는 영을 내렸다. 그 곳을 지나가던 윌리엄 텔은 이에 복종하지 않았다. 그래서 붙잡혀 자기 아들의 머리 위에 얹은 사과를 화살로 쏘아야 했고, 또 배를 타고 감옥으로 향하는 도중 마침 폭풍을 만나 뛰어내려 육지로 도망한 뒤, 잠복하였다가 나무 밑을 지나가는 게슬러를 쏘아 죽이자, 이날을 기다리던 세 고장의 백성들이 봉기하여 압제자들의 성을 불질러 무찌르고 자유와 독립을 회복했다.

　이것이 그 줄거리다. 주인공 윌리엄 텔이 역사적으로 실재 인물이라는 고증은 없지만 이 전설은 그 후 독일의 시인 쉴러의 희곡과 이탈리아의 극작가 로시니의 오페라로 말미암아 낭만적인 각색이 되어, 오늘날 스위스의 건국사화가 됨은 물론 전 세계 민족독립운동의 표본처럼 되었다. 어쨌든 세 숲속의 고장의 자유민들의 맹약이 오늘날 세계에서 가장 오래 지속되어 온 민주공화국인 스위스연방Eidgenossenschaft의 시작이었다. 이 말은 서약의 동지들의 결합체란 뜻을 가졌는데, 엄격한 의미에서 처음에는 여러 독립된 고장의 연맹으로 내려오다가 16세기에 이르러 비로소 연방을 이룬 것이다.

　이렇게 발족한 원시 스위스연맹은 곧 합스부르크왕가와의 접전에서 연전연승을 거두어 국기國基를 튼튼히 했다. 이에 자극을 받아 그때까지 같은 외래군주의 압제를 받아오던 주위의 다른 고장들이 속속 연맹에 가입하게 되었다. 즉 14세기 말까지에는 루체른·취리히·글라루스·추크·베른 등 다섯 칸톤이 가맹하여 마침내 여덟 개 칸톤으로 구성된 연맹으로 발전했다.

또 다섯 개의 외곽지대의 칸톤 즉 프리부르Fribourg·졸로투른Solothurn·바젤Basel·샤프하우젠Schaffhausen·아펜첼Appenzell 등이 합류하여 1513년까지에는 열세 개 칸톤으로 구성되는 연맹을 형성하여 18세기 말 프랑스혁명 후 나폴레옹에게 점령 당할 때까지에 이르렀다.

스위스가 혼성국가를 이룬 것도 18세기 말 이후의 일이다. 그때까지는 스위스는 독일어 방언을 사용하는 단일민족의 연맹이었다. 그들 사이에는 긴밀한 협조는 있었지만 아직 중앙정부가 없었다. 대표회의는 있었으나 이것은 단지 열세 개 주권국가들의 전체대표들이 모인 국제회의의 역域에서 많이 벗어나지 못했다. 그들 열세 개 칸톤들은 그 중 몇몇끼리 따로 조약을 체결할 수도 있었고, 또 다른 나라와의 개별적인 조약도 체결하곤 하였다. 그러는 동안 그 중에서 호전적인 칸톤들은 독자적인 침략도 하였다. 원시 스위스의 세 칸톤은 고트하르트령을 넘어서 알프스 남쪽 이탈리아의 티치노 지방을 식민지로 만들었고, 베른 칸톤은 남쪽의 프랑스어를 사용하는 로잔 지방을 정복하고 레만 호숫가로 힘을 뻗쳤다. 때로는 사보이왕국의 포위를 당하여 사지에 빠진 독립된 제네바 공화국에 구원의 손을 펴기도 하였다.

뤼틀리(Rütli) 초장

18세기 말 프랑스혁명 이후 온 유럽을 정복한 나폴레옹의 말발굽은 스위스의 땅도 가만두지 않았다. 1798년부터 십칠 년간 스위스는 건국 후 처음으로 독립을 잃었다. 프랑스의 통치하에 종래와 같은 각기 독립된 칸톤의 엉성한 연맹체제가 아니라 중앙집권적인 단일공화국을 이루었다. 이때에 비로소 제네바까지의 프랑스어 사용지역과 알프스 남쪽의 이탈리아어 사용지역이 정식으로 스위스의 판도에 편입되었다.

그러다가 나폴레옹이 전쟁에서 패하고, 열강들이 전후처리를 위하여 모인 1814-1815년의 비엔나회의에서 스위스도 독립을 회복하고 다시 연맹체제로 복귀하면서 스물두 개의 칸톤 즉 본래의 열세 개 칸톤에 생갈렌·그라우뷘덴·아르가오·투르가우·티치노·보·발레·뇌샤텔·제네바 등 아홉 개의 칸톤이 추가되어 스물두 개 칸톤으로 구성된 연맹을 이루었다. 스위스 컨페더레이션의 영세중립이 열강에 의해 승인된 것도 이때였다. 역사적으로 중요한 사실은 이때에 비로소 정식으로 독일어·프랑스어·이탈리아어의 세 언어와 민족이 혼합한 나라가 되었다는 것이다. 언어·지방·민족에 있어서만 아니라 종교에 있어서도 16세기에 일어난 종교개혁으로 말미암아 열세 칸톤의 컨페더레이션 시대에 벌써 가톨릭과 프로테스탄트의 두 종교로 분리되었으니, 이질혼합의 양상이 더해진 셈이다.

주목할 것은 아직도 엄밀히 말하여 연맹이지 연방으로 발전하지는 못했다는 사실이다. 아직 중앙정부가 없고 국방, 외교, 관세 등 권한은 각 칸톤이 장악하고 있었다. 그러나 컨페더레이션이 하나의 집단으로 열강에 의하여 영세중립을 승인받고 있었던 만큼, 국방과 외교에 있어서의 통일적인 유대가 점점 강화되었던 것도 자연스러운 추세였다.

이런 기운이 성숙되어 1848년에는 마침내 처음으로 연방헌법이 제정되어 비로소 중앙정부를 가진 연방국가가 되었다. 비록 헌법의 공식명칭에는 스위스연맹의 연방헌법 La Constituition Fédéral de la Confédération Helvetique, die Bundesvefassung der Schweizerischen Eidgenossenschaft이라고 하여 연맹과 연방을 혼용했지만, 이것은 뤼틀리 맹약 이래의 전통을 상징적으로 보존하자는 취지이고, 국가의 성격은 이때부터 완전한 연방체제를 이루어 오늘날에 이르렀다. 처음으로 각 칸톤의 주권은 연방헌법에 의하여 한정되지 않은 범위 내에서 주권이라고 규정되었다. 각 칸톤 간의 정치적 성격을 띤 개별적인 동맹과 조약의 체결을 금지하고 연방정부만이 외국과 선전포고, 강화동맹 및 조약(특히 통상관세에 관한)을 체결할 수 있는 권한과 군대에 대한 통솔권을 연방이 갖게 되었다.

지금으로부터 약 칠백 년 전 알프스의 설산 밑 잔잔한 호숫가의 세 숲속의 고장에서 시작한 작은 나라 스위스는 자유민들의 공동방위를 위한 맹약에서 출발하여 점차로 주변의 여러 고장들을 가맹시킨 엉성한 연맹의 단계를 거쳐 마침내 오늘날 세 개의 언어와 두 개의 종교를 포용하면서 민주연방공화국 체제를 가진 혼성국가로 발전하였다.

2. 용병의 삯전으로 공업화를 시작

알프스의 아름다운 자연에는 불행히도 그 속에 자원이 없다. 근래에 와서는 아름다운 자연 자체가 크나큰 관광자원이 되지만, 과거에는 토박한 산악지대가 살기 좋은 곳이 못 된 것은 더 말할 나위도 없다. 워낙 국토의 사분의 삼 이상이 산악지대인데다가 그나마 농경에 맞는 중서부의 고원지대가 알프스의 음지에 자리를 잡고 있어 겨울은 길고 다른 계절에도 평지에는 늘 안개가 끼어 있어, 유럽에서는 비할 수 없이 농사에 부적당한 곳이다. 자연은 인간을 제약하나, 인간은 또한 이 자연을 극복한다.

스위스 사람들은 자연의 제약을 극복하는 데 비상한 길을 찾았다. 경작면적에 비해 인구가 과대한 문제에 대한 해답을 인력수출에서 구했다. 그들의 방법은 아들을 외국의 전쟁에 용병으로 내보내는 것이었다. 험준한 자연과 칸톤마다 지닌 자기방위의 전통 속에서 자라난 스위스의 남정들은 원래 그 무용武勇이 널리 알려져 있었다. 사실 14세기와 15세기 스위스는 유럽에서도 손꼽히는 무력국가였다. 당시의 강대국인 오스트리아, 프랑스의 군사를 도처에서 무찔러 무용을 떨쳤다. 그래서 주위의 각 나라들은 서로 다투어 스위스와 화친하고 용병을 모집하는 동맹을 맺기를 청해 마지아니하였다. 이리하여 15세기 후반부터 17세기에 걸쳐 계속하여 프랑스, 오스트리아, 바티칸을 필두로 하여 독일, 이탈리아의 제후들, 심지어 영국, 네덜란드, 스웨덴 같은 먼 나라에까지 스위스의 장정들이 '삯 싸움'을 나가게 되었다. 스위스 용병에 관하여 유명한 얘기가 있다. 17세기 프랑스의 태양왕 루이 14세는 스위스 친위대를 가졌었다. 루이 14세의 재무장관이 왕이 스위스 용병 때문에 재정을 과용한다고 불평하여 말하기를 "만약 폐하와 선왕들이 스위스 병정들에게 준 돈을 다 모은다면 능히 파리로부터 바젤까지의 도로를 금화로 포장할 수 있을 것입니다."고 한즉, 스톱파Stuppa라는 이름을 가진 스위스 친위대장은 화가 나서 "폐하, 만약 스위스 병정들이 폐하와 선왕들을 위하여 흘린 피를 다 모은다면 족히 바젤로부터 파리까지 운하를 만들 수 있을 것입니다."라고 반박하였다는 얘기다.

옛날 스위스 사람들이 걸어온 험난한 길을 잘 전해 주는 얘기라고 할 수 있겠다. 프랑스혁명 당시 최후까지 왕궁을 지켜 준 것도 스위스 친위대였다. 바티칸의 성 베드로 대성당을 방문하는 사람들은 지금도 미켈란젤로가 고안한 오색무늬의 제복을 입은 바티칸의 스위스 근위대에서 옛날 스위스 용병의 유물을 볼 수 있다. 그래서 어떤 전쟁터에서는 같은 스위스의 젊은 아들이 두 개의 다른 깃발 밑에서 서로 대적해서 싸우는 일까지 있었다.

토박한 자연의 제약을 받은 스위스 사람들이 스스로의 살길을 개척하기 위하여 남의 수모를 무릅쓰고 피를 팔아 벌어들인 용병의 삯전을 모으고 모아서 공업화의 밑천으로 삼았다는 사실은 우리가 주목할 만한 일이다. 18세기 말부터 19세기 전반은 영국이 제일 먼저 산업혁명을 수행한 시기였다. 이때에 유럽대륙에서 제일착으로 공업화 단계에 오른 것이 다름 아닌 스위스였다. 공업화의 첫 단계에 있어서 스위스 사람들이 어떻게 스스로의 제약 많은 풍토를 토대로 하여 발전의 계단을 밟았느냐 하는 점은 우리에게 많은 교훈을 줄 것 같다.

알프스에는 곡식을 심을 밭은 적지만 초장은 많다. 그래서 목동이 자라서 병정이 되어 외국전장에서 벌어들인 삯전으로 손쉽게 목장에서 나는 우유를 가공하여 치즈와 초콜릿을 만들어 제품의 대부분을 국외로 수출하는 데 힘썼다. 처음에는 땅에서 나는 산물의 가공, 제품화부터 시작하였다. 다음에 착수한 것도 역시 농촌의 생활양태와 관련된 것이었다. 즉 이 나라는 겨울이 다섯 달 이상으로 농한기가 긴만큼 이 기간의 유휴노동력을 어떻게 활용하느냐 하는 것이 공업화의 관건이었다. 여기서 스위스 사람들이 착수한 것이 가내수공업이었다. 이것은 구체적으로 직조織造와 시계제작의 형태를 밟았다. 여기서 우리는 스위스의 공업화의 기초를 이룬 다른 하나의 요소를 잊을 수 없다. 그것은 사람의 기술과 정신이었다.

16세기와 17세기에 걸쳐 스위스와 남독일을 중심으로 온 유럽을 휩쓴 프로테스탄트 종교개혁이다. 특히 그 여파로 프랑스, 이탈리아 등지에서 종교의 자유를 찾아 스위스에 온 피난민들의 역할이 컸다. 그들은 청교도의 정신과 개혁정신 그리고 기술과 돈을 가지고 왔다. 르네상스 이후 이탈리아와 프랑스는 더 말할 것도 없이 유럽 문화의 중심지였다. 그 중에도 종교개혁에 참가한 프로테스탄트 교도들은 그 당시로서는 일반보다도 지식 정도가 높고 창조적인 소수인이었다. 이들이 대거 양심의 자유를 찾아 알프스와 쥐라산맥을 넘어 스위스에 들어왔다. 그 중 특히 이탈리아에서 넘어온 피난민 중에는 상당한 상업자본과 상술을 가지고 온 사람도 있어 후일 제네바, 취리히 일대의 상공업과 금융업의 시조들이 되었다.

스위스의 역사가 에드가 봉주르Edgar Bonjour교수는 종교적 피난민들의 스위스 공업화에 대한 공헌에 대하여 다음과 같이 말한다.

"16세기의 종교적 위기는 스위스에 있어서도 유럽의 어느 다른 곳에서나 마찬가지로 심각한 것이었다. 그러나 다른 나라에서 박해를 받는 동지들에 대하여 스위스는 퍽 너그러운 대접을 하였는데, 이것은 큰 이득을 가져왔다. 반反종교개혁으로부터 도망한 이탈리아 프로테스탄트 교도들은 취리히에 와서 견직공업을 일으켰다. 제네바가 시계제조기술을 배운 것은 위그노 교도들로부터였다. 1685년의 낭트칙령의 폐기로 말미암아 프랑스의 프로테스탄트들이 밀물처럼 이주하여 오면서 견직과 면직공업에 있어서의 새로이 발달된 기술을 가지고 1700년경 뇌샤텔의 쥐라지방에 레이스 제조공업을 도입하였다. 직조기술을 습득하는 동안에 주민들의 손재주가 늘었다. 백년 후 그 손재주는 마침내 시계를 만드는 기술로 번져 갔다. 아마 종교 피난민을 받아들임으로써 커다란 경제적 혜택을 받은 나라로서 스위스보다 더 좋은 예는 없을 것이다."[2]

16세기에 있어서의 신교 박해 때문에 스위스에 넘어온 위그노 교도들이 스위스 시계발달에 미친 공헌에 대하여 필자는 실지 관찰할 기회가 있었다. 스위스의 서부 쥐라산맥지대의 시계공업 중심지인 비엘Biel시에 있는 오메가 시계공장을 시찰했을 때에 그 회사의 한 중역과의 면담을 가졌다. 도대체 스위스에 시계공업이 발달하게 된 역사적인 원인이 무엇이냐고 물어보니 그 중역은 서슴지 않고 "그것은 프랑스 위그노Huguenots들이 가지고 온 기술의 덕택이었다."고 대답하였다. 저들이 쥐라산맥을 넘어와 제네바로부터 바젤에 이르는

---

2. Bonjour, Edgar *et al, A Short History of Switzerland*. Oxford University Press, 1962, 19쪽.

일대에서 처음에는 농사에 종사하다가 차츰 본래 몸에 지녔던 기술을 발휘하여 시계 제작을 위시한 가내 공업에 종사하게 되었다는 것이다. 그 중역의 말에 의하면 지금도 시계 제조에 종사하는 종업원들은 위그노의 후손들이니까 물려받은 '밝은 눈'과 '흔들리지 않는 손'을 가지고 시계를 만들지 만약 쥐라산맥지대에서 몇 십 킬로미터 밖에다 시계공장을 세운다면 절대로 같은 시계가 나오지 못할 것이라고 장담하는 것이었다.

이상의 두 가지 요소, 즉 용병의 수입收入과 종교개혁에 따른 피난민들의 기술이 밑천이 되어 스위스는 공업화의 길에 올랐다. 이리하여 17세기 말부터는 번영이 찾아오기 시작했다. 한편 스위스 사람들은 국제정세를 유리하게 이용하는 일도 게을리 하지 않았다. 프랑스와 독일 사이에 벌어진 끊임없는 교전상태를 재치 있게 이용하여 두 교전국가 간間 교역을 중개하는 역할을 담당하였다. 특히 프랑스와는 용병계약을 미끼로 관세 상의 특혜관계를 확보하여 나폴레옹의 프랑스를 통하여 세계시장에 접근하게 되었다. 이렇게 하여 바젤, 취리히, 생갈렌, 제네바 등 여러 도시를 중심으로 하여 방직, 시계, 금속, 치즈 등의 공업이 급속도로 발달하였다. 도시의 공업발달에 따라 농촌도 혜택을 보게 되었다. 위에서 본 바와 같이 농한기를 이용하여 시계부품의 제작을 비롯한 가내공업을 일으켜 적은 농업소득에 보탬을 얻게 되었다.

이리하여 19세기까지에는 스위스 사람들은 가난하고 메마

비일 시 오메가 시계공장의 검사실 (연구실)

른 땅에 살면서도 몸과 피로 벌어들인 돈과 자유와 정의를 구하는 창조적 소수인들의 정신과 기술을 밑천으로 하여 유럽 대륙에서 제일 먼저 공업화된 나라를 이루었다.

　토인비는 그의 명저 「역사의 연구」에서 그의 심오한 '물러남과 돌아옴'의 이론을 전개하면서 19세기에 있어서 영국과 스위스가 각각 남보다 먼저 산업혁명을 이룩한 것은 이 나라들이 유럽 대륙 내의 정치적인 패권 싸움에 직접 관여하지 않고 그 풍진風塵에서 물러나서 새 시대를 위한 창조적인 노력을 했기 때문이라고 설파했다. 어떻든 스위스가 이 시기에 있어서 젊은이들이 밖에 나가 피를 흘려 벌어들인 외화와 견문을 생산적인 방향으로 이용하는 데 성공하였다는 사실을 부인할 수 없다.

3. 전 세계를 상대로 수출

스위스의 국토는 사분의 일이 농경이 가능한 땅이며 또 사분의 일은 목장인데, 여기에는 여름철을 제외하고는 늘 눈이 덮인다. 산림이 다음의 사분의 일을 차지하고 나머지 사분의 일은 전혀 생산이 없는 바위와 호수이다. 그래서 이 땅에는 늘 식량이 부족하여 절반은 수입해야 한다. 또 바위 속에는 지하자원이 전혀 들어 있지 않기 때문에 공업 원료도 대부분 수입해야 한다.

이렇게 식량과 원료를 사들이자면 그 반면에 수출이 있어야 할 것은 물론이다. '필요는 발명의 어머니다.' 이런 환경 속에서 스위스는 일찍이 살기 위하여 수출하는 나라로 발전하였다.

땅에서 나오는 대로 손쉽게 내다가 팔 수 있는 소위 환금작물cash crop이나 광산물이 없으니 부득이 원료를 들여다가 가

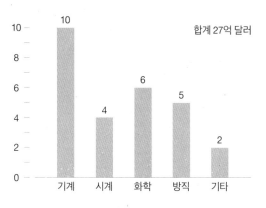

스위스의 수출 내용(1964년, 단위 : 1억 달러)

공해서 팔든지, 그렇지 않으면 아주 원료가 적게 들고 반면에
품과 손재간이 많이 드는 상품을 만들 수밖에 없다. 이 일에
스위스 사람들은 성공하였다. 기술을 밑천으로 하여 작고 가
볍고 정밀하고, 따라서 비싼 물건을 만들어서 전 세계에 내다
가 파는 수출 산업을 이룩하였다. 위의 표의 수출 내역을 보
면 이런 특색을 엿볼 수 있다.

　스위스의 연간 수출액은 1964년에 백십오억 프랑에 달했
다. 미국 달러로 환산하면 이십칠억 달러가 된다. 인구 오백만
의 작은 나라의 수출액으로는 엄청난 액수다. 가장 중요한 수
출 부문은 기계·화학·방직인데, 이 세 가지만 갖고도 이십오
억 달러로 거의 수출의 전체를 이룬다. 기계류 중 시계의 수출
만 하여도 사억 달러에 달하니 놀랍다. 화학부문에는 제약이,
방직부문에는 레이스 같은 특수직물이 큰 비중을 차지한다.

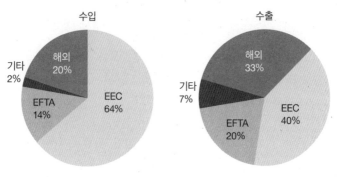

무역 대상 지역 (1964년)

이런 상품들을 어디에 가져다 파는가? 그 시장은 크게 나누어 삼분의 이는 유럽이고 삼분의 일이 유럽 밖의 소위 해외지역이다. 위의 도표에서 보는 바와 같이 스위스의 수입과 수출의 주요 대상 지역의 분포는 수입의 팔십 퍼센트, 주로 식량, 공업원료를 EEC, EFTA등 유럽지역에서 공급받는 데 반해, 수출의 육십칠 퍼센트만 유럽에 돌려보내고 나머지 삼십삼 퍼센트를 해외지역으로 수출한다는 사실이다.

지금 유럽에는 두 개의 큰 국제무역그룹이 서로 맞서고 있다. 하나는 EEC로 약칭되는 소위 '유럽공동시장'이고, 또 하나는 EFTA라고 불리는 '유럽자유무역연합'인데, 스위스는 후자에 속한다. EEC의 회원국은 서독·프랑스·이탈리아·네덜란드·벨기에·룩셈부르크의 여섯 나라이고, EFTA에는 스위스와 영국·스웨덴·노르웨이·덴마크·오스트리아·포르투갈 등 일곱 나라가 가입하고 있다. 지리적으로 보아 대체로

EEC 회원국들은 서유럽의 중심부에 위치하고 있는 데 반하여 EFTA의 회원국들은 그 외곽지대에 있다. 그런데 유럽의 중심에 자리잡고 있는 스위스가 후자의 변두리 무역그룹에 끼어 있는 데 따르는 고민은 매우 크다. 스위스의 수입의 삼분의 이가 이웃인 EEC에서 들어온다는 점도 무시할 수 없지만, 그보다도 더욱 중요한 것은 그 수출시장의 사십 퍼센트가 EEC안에 있고 EFTA는 이십 퍼센트밖에는 수출 상대가 되지 않는다는 사실이다. 여기에서 이 나라의 가장 중요한 장래 문제를 발견할 수 있다.

우리의 주목을 끄는 것은 유럽 밖의 해외 지역에 대한 수출이 전체의 삼분의 일이라는 점이다. 이런 비율은 유럽의 다른 나라에서는 그 예를 찾아보기 어렵다. 더욱이 독일·프랑스·이탈리아를 통한 육로를 거쳐야 바다로 나가는 내륙국가로서 전체 수출의 삼분의 일을 유럽 밖의 대양을 넘어 수출한다는 것은 놀라운 일이 아닐 수 없다. 해외로 널리 물건을 내다 팔려면 사람이 나가야 된다. 스위스인들은 아시아·미국·남아메리카·아프리카를 두루 다니면서 시계를 비롯한 자국 상품을 팔 시장을 개척하는 일을 게을리 하지 않았다.

유명한 스위스 시계의 연간 수출액은 위에서 본 바와 같이 사억 달러에 달하며 수출 총액의 십사 퍼센트에 해당한다. 개수로 오천이백만 개를 수출하는데 이것은 한 명 당 매년 아홉 개의 시계를 만들어 수출하는 셈이 된다. 제조되는 시계의 삼 퍼센트만이 국내에서 소비하고 구십칠 퍼센트를 국외로 수출한다는 놀라운 실정이다. 이리하여 전 세계 시계 시장의 오십이 퍼센트를 스위스가 차지한다. 시계 수출의 대상지역은 삼십육 퍼센트가 유럽, 이십이 퍼센트가 미국, 캐나다, 이십일 퍼센트가 아시아, 십삼 퍼센트가 남미에 해당된다. 아시아에 대한 진출의 정도도 상당한 것임을 엿볼 수 있다.

아시아에는 벌써 18세기에 인도와 중국의 시장에 진출하였는데, 미국의 페리 제독이 에도江戸에 들어와 일본의 개국을 강요한 지 십 년 후인 1864년에 벌써 스위스의 시계제조협회 회장이며 뇌샤텔 출신 상원의원 홈벨트Aimé Humbert가 스위스연방의 사신 자격으로 에도에 와서 일본과의 국교를 열었다는 시사가 많다.

스위스의 수출산업은 그 운영규모가 국내에 국한되지 않는다. 이 나라에서 제일 큰 상사는 '네슬레식품회사Nestlé Alimentana AG'인데, 레만호 북단에 있는 베베Vevey에 본부를 두고 전 세계에 걸쳐 팔만 오천 명의 종업원을 가지고 근 이십억 달러의 판매고를 올리고 있다. 세계 최대의 커피상인 '네스커피회사'는 알프스 호반에 자리를 잡고 있으면서 커피의 원산지인 브라질에서 미국으로 수출되는 커피의 대부분을 취급한다. 그뿐만 아니라 같은 남미 여러 나라, 예를 들면 베네수엘라와 콜롬비아 사이의 무역도 대부분 이 회사가 중개한다.

기계공업 부문에 있어서는 취리히 근처에 본사가 있는 두 회사 브라운-보베리회사Brown, Boveri & Co.와 줄처회사Sulzer Brothers, Ltd.가 유명하다. 취리히에서 바젤로 가는 좁은 골짜기 바덴시에 자리잡은 브라운-보베리회사는 1892년 욀리콘 Oerlikon기계공장에서 일하고 있던 두 명의 취리히공과대학 출신 엔지니어 영국 청년 찰스 브라운과 독일 청년 발터 보베리가 창설한 전기기계공장으로 현재 전 세계에 근 팔만 명의 종업원과 삼십 개의 공장, 이백오십 개 대리점을 갖고 육억 달러의 판매고를 올리고 있다. 한편 취리히로부터 동북쪽 생갈렌으로 가는 길에 있는 빈터투르Winterthur에 자리잡은 줄처회사는 백삼십 년의 역사를 가진 중기계공장으로 전 세계 선박 디젤엔진의 이십삼 퍼센트를 생산하는 공장도 그 일부분으로 갖고 있다. 해안선이 없는 스위스에 세계 최대의 선박기관공장이 있다는 것은 경제지리의 원칙에 어긋나는 일 같지만, 이 지대에 기계공업이 발달한 이유는 나폴레옹 전쟁 때 영국에 대한 대륙봉쇄 때문에 부득이한 필요에 따라 기계 부품의 생산부터 시작하였던 것이 오늘의 발전을 가져왔다고 하니 역시 좋은 교훈이 아닐 수 없다.

화학공업 중심지는 바젤로서 거기에 시바Ciba AG, 호프만 라 로슈F. Hoffmann La Roche & Co. AG 등 굴지의 제약회사들이 자리를 잡고 있다.

우리나라에도 두 개의 스위스 상사가 서울에 지점을 내고 있다. 취리히에 본사를 둔 우하그UHAG와 생갈렌에 본사를 둔 벤츠Benz Brothers이다. 전자는 주로 기계회사들의, 후자는 주로 제약회사들의 대리점 역할을 하면서 한편 한국으로부터의 수입도 취급하고 있다.

빈터투르 시 줄처 공장의 일부

우리나라와 스위스와의 무역관계는 아직 미약한 상태에 있다. 1964년에 우리나라의 스위스에 대한 수출액은 백만 달러를 조금 넘을 정도였고, 우리의 수입은 그 절반인 오십만 달러 정도에 그쳤다. 우리의 수출 품목은 생사生絲, 모직, 텅스텐 등이고, 한편 우리의 수입 품목은 주로 기계와 약품이었다.

스위스는 살기 위하여 수출하는 데 전력을 기울이지만, 상품의 수출입만 가지고는 살 수 없다. 이 나라도 무역수지를 보면 엄청난 적자를 면치 못한다. 그것은 수출보다 수입이 워낙 크기 때문이다. 앞의 무역수지를 표시하는 도표에서 보는 바와 같이 1964년에 수출이 이십칠억 달러라는 큰 액수였음에도 불구하고 수입이 삼십육억 달러라는 막대한 금액에 달하여 결과적으로 구억 달러의 엄청난 무역적자를 나타내었다. 전 세계를 상대로 장사하고 국민 총생산의 이할 이상을 수출하고도 매년 구억 달러의 수입초과를 갖는 것은 사실 어느 나라든지 살아 나가기가 얼마나 어려운가를 알려 주고도 남는다.

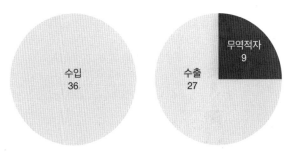

스위스의 대외 무역 수지 (1964년, 단위 : 억 달러)

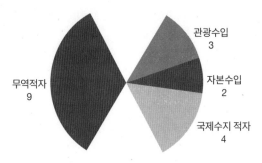

스위스의 국제 수지 (1964년, 단위 : 억 달러)

관광수입
3

자본수입
2

국제수지 적자
4

무역적자
9

그러면 스위스는 저 구억 달러의 무역적자를 어떻게 메꿔 나가는가? 그것은 위의 도표에서 보는 바와 같이 주로 관광수입과 은행·보험·해외자본수입 등 자본수입의 두 가지로 메꾼다. 1964년의 관광수입은 삼억 달러, 자본 수입은 이억 달러로서 이 두 가지로서 무역적자를 오억 달러를 줄여 주어서 결국 상품과 서비스 전체를 통한 국제수지에 있어서는 사억 달러의 적자를 남겼다.

지하자원이 없어서 작고 비싼 것을 만들어 전 세계에 나가서 장사하는 스위스 사람들은 자기들이 가진 유일한 천연자원인 아름다운 알프스의 설산과 호수를 밑천으로 전 세계의 사람들을 자기 나라로 끌어들이는 것을 잊지 않았다. 19세기부터 발달된 관광산업은 오늘날 시계수출에 버금가는 중요한 외화수입원이 되고 있다.

관광산업은 스위스의 가장 중요한 무형수출이다. 관광산업은 십오만 종업원에게 일자리를 주고 있고, 인구 일인당 매

레만 호반의 제네바와 원경에 보이는 몽블랑

년 오십 달러의 소득을 벌게 한다. 이탈리아, 스페인 등처럼 절대 금액으로 스위스보다 관광수입을 더 많이 버는 나라는 있지만 인구비례로는 스위스가 으뜸이다.

오늘의 세계에 살자면 개인은 기술이 있어야 하고 나라는 수출을 하여야 한다. 19세기 제국주의시대에는 군함이 가는 곳에 상품이 따라갔지만, 20세기 무역시대에는 기술자가 가는 곳에 상품이 따라간다. 일찍이 군함을 한 척도 가져 보지 못한 스위스 사람들은 한 세기 전부터 벌써 물건을 팔려면 사람이 밖으로 나가야 된다는 진리를 터득하였다. 현재 스위스 연방은 세계의 예순일곱 개 나라와 외교관계를 맺고 예순한 개 나라에 상주대사관을 두고 있는데, UN에도 가입하지 않고 있는 이 작은 나라가 전 세계를 상대로 외교를 하는 가장 중요한 이유는 통상에 있음은 물론이다. 스위스처럼 살기 위하여 철저히 교역하는 나라도 드물다. 이 사정은 스위스의 수출액이 국민총생산GNP의 이십일 퍼센트를 점한다는 사실에서도 엿볼 수 있다. 세계에서 이보다 더 높은 나라의 예는 네덜란드의 삼십오 퍼센트밖에 없다. 이미 위에서 본 바와 같이 수백 년 동안 유럽의 평원에 나가서 남의 싸움을 싸워 주고 돈을 벌어들이던 알프스의 아들들의 상무적인 정력은 오늘날 상혼商魂으로 변하여 이십칠만 스위스인들이 밖에 나와 육대주를 좁다고 돌아다니면서 작은 나라가 사는 이치를 상기시킨다. '사람은 기술이 있어야 하고, 나라는 수출하여야 한다.'는 이치를……

4. 안정된 화폐가 번영의 기초

한 나라의 안정도는 그 화폐가치의 안정도를 보아도 잴 수 있다. 스위스 프랑은 지난 이십오 년 동안 세계에서 가장 안정된 돈이다. 다음 표에서 보는 바와 같이 세계에서 가장 안정된 다섯 나라의 화폐인 스위스 프랑·캐나다 달러·서독 마르크·미국 달러·스웨덴 크로나 중에서도 1938년부터 1960년까지 이십이 년 동안 스위스 프랑은 1938년의 가치를 표준으로 하여 사십칠 퍼센트 수준으로 저락한 데 비하여 미국 달러는 사십이 퍼센트 수준으로 저락했으니, 스위스 프랑은 이차 세계대전 이래 미국 달러보다도 구매력을 더 잘 보전한 셈이 된다. 현재 미국 달러에 대해 4.31의 평균 환율을 유지하고 있는데, 1936년 이래 평가절하가 없었으니 환율 변경을 모르고 사는 셈이다.

화폐가 안정된 뒤에는 그것을 뒷받침하는 금과 외화 준비

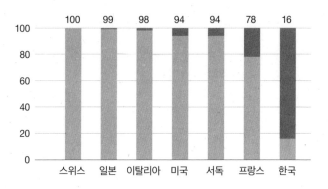

세계 주요화폐의 가치 안정도 (최근 10년간), 한국은 1954~64년,
기타는 1952~62년 도매물가 앙등률 역산 (■ 가치 보전 ■ 가치 상실)

가 필요하다. 과거 수년 동안 스위스 중앙은행은 그 발행고
에 대하여 평균 백이십 퍼센트의 금보유고로 커버해 왔다. 이
것은 법정 준비율인 사십 퍼센트를 훨씬 능가하고 있다. 1964
년 현재 세계에서 중앙은행의 금보유고가 가장 많은 다섯 나
라는 다음과 같은데 그 중에서도 조그만 스위스는 넷째가 되
며 인구가 열 배 이상 되는 영국보다도 더 많은 금 준비를 보
유하고 있는 것이 놀라운 일이다. 이것을 보면 그 화폐의 대
외 신용도가 얼마나 중대한지 가히 짐작할 수 있다.

이렇게 화폐를 대외적으로 신용 있게 만드는 데에는 무엇
보다 스위스 국민들의 저축하는 습관이 큰 역할을 한다. 스위
스 사람들은 저축을 좋아하는 국민들이다. 스위스의 모든 은
행들이 발행한 저축예금통장의 수는 육백만이 넘는데, 이것
은 총 인구보다 더 많은 놀라운 숫자이다. 어떤 도시에서는

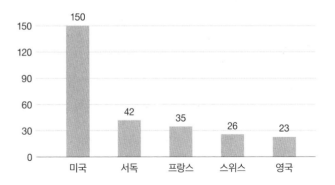

주요국가 중앙은행 금보유고 (1964년, 단위 : 억 달러)

아기를 낳아 출생신고를 하면 그것과 바꾸어 일 프랑이 기장된 저금통장을 그 아기의 명의로 발행하여 줌으로써 어려서부터 국민의 저축심을 기른다고 한다. 이 얼마나 본받을 만한 풍습인가.

저축이 많으면 은행이 성한다. 스위스에는 사백삼십 개의 크고 작은 은행이 사천여 개소의 점포를 가지고 있어(1958년 현재) 인구 천삼백 명당 은행 점포 하나의 비율로 은행이 많다. 취리히, 바젤에 본점을 둔 오대 은행(그 중 셋은 각자 자산이 이십억 달러를 초과)을 제외하고는 대부분이 지방의 저축은행 및 신용조합의 성격을 띠고 있고, 인구 일인당 평균 저축액이 천 달러에 가깝다고 한다.[3]

화폐가 안정되어 대중이 저축을 하게 되면 그 대중은 돈과

---

3. 1964년 소비물가 지수 증가율 +2.3%(1963년 +3.9%), 저축 예금 이자 2.89%

더불어 돈을 맡기는 곳을 신용하게 되고 다시 그 곳을 매개로 하여 거래하는 사람까지 신용하게 된다. 신용제도는 이렇게 하여 발달한다. 이래서 스위스 사람들은 은행을 많이 이용한다. 그런데 가정주부들에게는 은행보다 더 가계의 돈거래에 밀접한 관계가 있는 곳이 우편국이다. 스위스는 우편수표 Post-check제도가 매우 발달한 나라다.

  '우편수표'라 하는 것은 주문한 물건값이나 전기세·학교 수업료 등의 청구서와 함께 보내오는 것인데 그 빛깔은 초록색이고, 전국적으로 규격은 일정하다(우편국에 신청하면 발행해 준다). 예를 들면 물건이나 서비스의 제공자로부터 대금의 청구를 받으면 물어야 할 사람은 청구서에 적힌 금액과 자기의 주소 성명을 우편수표에 적고 그 적힌 금액을 우편국에 가서 현금으로 내면 그 다음은 우편국과 본래의 물품·서비스 제공자 사이에 결제되는 것이다. 이것은 비단 물건을 주문할 때만 쓰는 것이 아니라 수업료·병원비·집세·전기세·수도료 지불에도 쓰이고, 심지어 기부금·의연금을 보낼 때에도 활용되는 제도이다. 가정주부들이 많이 활용하지만 작은 기업체에도 쓰인다. 신용제도가 발달한 다른 나라에서는 보통 수표로 거래할 것을 이것으로 대신하는데, 개인수표보다 훨씬 더 널리 사용될 것은 물론이다. 여하간 우리나라 같으면 직접 가져다주거나 은행에 가서 낼 것을 가장 손쉬운 우편국에 가서 내게 되는 것이다. 그렇기 때문에 스위스 사람들, 특히 살림을 맡은 주부들의 생활에 있어서 우편국은 가계은행의 역할을 해 준다.

큰 기업체를 제외하고는 모든 일상생활의 지불 거래가 우편국을 통해서 이루어지는 인상을 받는다. 주부들은 매주 몇 번씩 돈거래 때문에 우편국을 상대로 하여야 한다. 이들에게는 은행은 돈을 맡기는 곳이고 우편국은 돈을 내는 곳이다. 은행과 우편국은 안정된 돈이 왕래하는 길이다.

돈은 돈을 끌어온다. 안정된 돈은 불안한 돈을 모아들인다. 앞에서 스위스의 연간 국제수지적자가 사억 달러에 달한다는 것을 밝혔다. 그러면 이 큰 경상적인 외화의 적자를 어떻게 메꾸는 것일까? 그것은 다음의 표에서 보는 바와 같이 외국의 자본이 흘러 들어오는 것으로 메꾸고도 남음이 있다.

즉 1963년에는 육억 달러 가량의 외국의 돈이 스위스에 몰려 들어와 국제수지 적자 사억 달러를 커버하고도 아직 이억 달러가 넘는 돈이 그만큼 스위스의 보유외화준비를 증가시켜 준 것이다. 스위스의 외화보유고는 삼십억 달러가 넘는데 그 중의 대부분(이십구억 달러)이 금의 형태로 있다는 것은 이미 앞에서 말했다. 이것을 손쉽게 서독의 육십억 달러에 비한다면 인구가 서독의 십분의 일밖에 안 되는 이 조그마한 나라가 상대적으로 얼마나 튼튼한 화폐준비를 가지고 있는지 짐작할 수 있다. 이렇게 대외적으로 신뢰를 줄 만한 화폐를 가지고 있으니 자연히 외국의 돈이 스위스에 마구 흘러들어올 수밖에 없다. 이렇게 들어오는 자본은 스위스 경제와 사회에 어떤 작용을 하는가?

스위스는 저축이 왕성한 나라라는 것을 위에서 보았다. 1963년 기준 연간 국민 총 저축(가계·법인·정부 저축)은 백삼십이억 프랑(약 삼십억 달러)으로서 이것은 무려 국민 총생산GNP의 사분의 일을 넘는 것이었다. 이 국내저축에다가 외국에서 흘러 들어온 자본 중 다시 국외로 투자 된 일부를 빼고 난 순 자본유입 십육억 프랑(약 사억 달러)이 덧붙여져 도합 백사십팔억 프랑(삼십사억 달러)이 국민경제에 재투자되었다. 이것은 국민총생산 오백구억 프랑(백이십억 달러)의 이십구 퍼센트에 해당되는 높은 재투자율이다. 대개 경제성장은 투자에서 오고, 투자는 저축에서 온다. 이것을 바꾸어 말하면 스위스의 경우, 원래 국민저축이 왕성한 데다 많은 외국 자본까지 몰려 들어와서 1961년 이래 매년 삼십 퍼센트에 가까운 재투자가 계속됨으로써 매년 십 퍼센트를 전후하는 국민총생산의 증가를 가져왔던 것이다. 수년간 초경기가 유지되고 돈벌이가 너무 좋아졌다. 이것은 외국의 싼 자본의 과다한 공급의 작용이 컸던 것만은 사실이다.[4]

어떤 관점으로 보면 최근의 스위스 경제의 초경기 Ueberkonjunktur의 상태는 과도한 외국 물건(무역적자)과 외국 돈 그리고 외국노동자를 바탕으로 하여 유지되고 있다고 해도 과언이 아닐 정도로 생산요소의 외래의존이 큰 것은 사실

---

4. 돈이 많으니 이자가 싸고, 따라서 기업가들이 융자를 많이 받아 공장을 더 많이 짓고, 노동력은 부족하여 노임과 물자를 올리는 작용을 하였다.

이다. 이 점은 최근의 OECD의 보고서에도 지적되었고 스위스의 정책수립가들도 공적으로 시인하면서 자본과 노동의 요소를 국내의 자연적인 기반에 맞추게 하려는 긴급한 대책을 서두르고 있는 형편이기도 하다.

외국돈의 사태를 막는 일은 사실 외국돈이 들어오지 않아서 걱정하는 일보다는 어렵지 않을 것이다. 그 대책은 한편으로는 외국 자본에 대하여 대가를 덜 치름으로써 덜 들어오게 하고, 또 한편으로는 들어온 외국 자본을 동결하여 다시 밖으로 재투자하면 될 것이다. 과연 스위스 당국자들은 이런 양면정책을 쓰고 있는데 그 방법이 비상한 데가 있다.

즉 1964년 3월에 공포된 긴급명령에 따라 외국인의 스위스 프랑 형태의 은행예금에 대하여는 예금이자를 지불하지 않고 그 액수를 중앙은행에 동결한다는 정책을 채택하여, 외국돈이 과도히 들어오는 것을 막고 또 동시에 국내의 인플레 경향을 막아 보자는 것이다. 이 조치의 결과 과거에 화폐가치의 안정과 동시에 일정한 이자수입을 추구하여 스위스에 들어왔던 외국 자본(예를 들면 이탈리아 자본)은 유럽의 다른 자본 시장(예: 서독)으로 이동해 가지만, 본래부터 이식보다는 안전을 찾아오는 도피적 자본(예: 중동, 남미 등지로부터의 자본)은 그래도 계속해서 스위스에 남는 현상이 나타난다는 것이다.

이렇게 일부 외국자본을 동결하면서 또 한편에서는 자본시장을 통하여 매년 상당한 자본을 해외로 재투자하는 것이다.

이차세계대전 후 지금까지 취리히·바젤·제네바를 중심으로 하는 자본시장은 계속적으로 유럽에서 외국 증권발행액에 있어서 리드하고 있다. 그 액수가 지난 오 년간(1960-1964년) 연평균 이억 달러에 달한다. 이것은 다음 순서인 서독·룩셈부르크·영국을 훨씬 능가하는 것이었다(그러나 최근 서독·룩셈부르크 등 EEC 내부의 자본 시장이 점점 커지는 것이 주목할 만하다).

외국돈의 사태를 처리하는 일은 과히 어렵지 않지만, 외국 노동자의 사태를 극복하는 문제는 그렇게 간단하지는 않다. 왜 그러냐 하면 이것은 스위스의 산업구조 및 사회구조와 깊은 관계가 있기 때문이다.

5. 외국노동자의 사태가 두통거리

경기가 장기간 계속적으로 좋으면 기업가들은 다시 계속적으로 투자를 더하게 된다. 이것은 공장을 더 짓고 기계를 더 설치하고 주택을 더 짓고 도로를 더 많이 건설하는 것을 의미한다. 한편 기계가 더 많아지면 본래의 직공들은 점점 기술을 요하고 노임을 더 받는 일을 하게 마련이다. 즉 미숙련공은 반숙련공으로 전환하고 반숙련공은 숙련공의 자리를 차지하게 마련이다. 또 일부 기술공은 사무직원으로 전환한다. 한편 이렇게 하여 비게 되는 밑바닥의 미숙련공의 일터와 옥외에서 하는 건축토목공사와 청소부의 일을 할 사람이 줄어든다. 외래노동자들은 바로 이 밑바닥과 옥외의 일자리를 메꾸기 위하여 받아들인 것이다. 절실한 경제적 필요에 의해서 채용한 사람들이다. 만약 그들이 없었더라면 노동력의 공급 부족으로 그만큼 노임의 앙등을 초래하여, 이것이 인플레이션의 요인이 될 것은 더 말할 필요도 없다. 또 만약 이 사람들이 급격히 스위스를 떠난다면 현재의 산업 구조를 유지하기 어렵게 됨을 모르지 않는다.

그러나 문제는 그 외국인 노동자의 수가 이제는 너무나 많은 데 있다. '지나치게 외인화되는 위험'Ueberfremdungsgefahr이 있다는 것이다.

스위스에 거주하는 외국인 노동자의 총 수는 1963년에 육십구만, 1964년에는 칠십이만 명에 달했는데, 이것은 실로 총인구의 십사 퍼센트에 해당하고 노동인구의 이십오 퍼센트를 점하는 놀라운 숫자이다. 제조·공업 부문에서는 약 사십 퍼센트, 건축·토목 부문에서는 팔십오 퍼센트를 점한다. 호텔 종업원 중에서도 스위스 사람은 보기 어려울 정도이다. 외래노동자가 이렇게 큰 비중을 차지하게 되면 그것이 산업조직뿐만 아니라 나아가서 사회구조에 미치는 영향도 무시 못할 정도가 된다.

지난 수년 동안 외래노동자의 증가는 과연 놀랄 만하였다. 1951년까지는 십만 명 미만이었고, 1959년까지만 하더라도 삼십육만밖에 안 되던 것이 오 년 후인 1964년에는 꼭 배인 칠십이만이 되었다.

이들의 삼분의 이에 해당하는 약 오십만 명이 이탈리아 노동자들이고, 둘째로 스페인 노동자가 약 팔만, 나머지는 독일, 오스트리아, 프랑스, 그리스, 터키에서 온 노동자들이다.

스위스에 있어서의 외래노동자의 문제는 단적으로 말하면

이탈리아 노동자의 문제로 화한다. 경제적인 면에서 보면 계속적인 호경기를 필요로 했기 때문에 그 사람들이 넘어온 것이고, 사실 그 사람들이 아니면 스위스의 경제를 운영할 수 없을 정도로 많은 이탈리아인이 스위스 산업의 밑바닥에서 일하고 있다는 것이며, 먼 장래를 내다볼 때 이대로 가다가는 만약 이탈리아 내부의 경제가 발달하여 그들이 대거 고향으로 돌아가게 되는 날에는 스위스의 산업은 예기치 못할 파탄에 직면하게 되는지 모르겠다는 걱정이 없지 아니하다. 그러나 더 근본적인 걱정은 사회적인 면에 있는 것 같다.

원래 위에서 말한 바와 같이 스위스란 나라는 세 민족(독일계, 프랑스계, 이탈리아계)의 혼성 국가로서 그들 상호간의 내부적 균형이 매우 미묘하고 또 중요한 것인데 이렇게 델리케이트한 내부적 밸런스를 가진 인구 오백 팔십만에다가 갑자기 수년 안에 오십만이라는 이탈리아인들을 갖다 놓으니 사회 내부의 균형을 근본적으로 흔들어 놓는 결과를 가져온다는 것이 공공연한 여론이 되어 있는 것이다. 여기에 있어 경제의 당면 요구와 사회의 근본적인 요청이 서로 모순되고 있다.

다음 표에서 보는 바와 같이 이탈리아 노동자의 사태는 총거주 인구 중 이탈리아어 사용 인구의 구성 비율이 1950년에는 육 퍼센트 미만이던 것이 1963년에는 십 퍼센트에 육박하게 하고 있는 것이다. 언어별 또는 민족별로 본 사회구성의 면에서만 아니라 이런 외국노동자의 사회적 비중과 그 함축

	1950년	1963년
독일어계	72.1%	69.3%
프랑스어계	20.3%	18.9%
이탈리아어계	5.9%	9.5%
로만슈어계	1.0%	0.9%

언어 별 인구 구성(1963년, 외국인을 포함한 총 거주 인구에 대한 비율임)

은 그것을 농업인구와 대비해 보면 더욱 확실히 드러난다. 스위스의 농업인구의 전체인구에 대한 비중은 1950년에 십육 퍼센트로부터 1960년에는 십일 퍼센트로, 다시 1963년에는 십 퍼센트로 떨어졌다. 후자는 절대수로 보면 육십만 명 미달이다. 또 이 전체 농업인구 중에서 실제 상시 노동인구는 이십오만 밖에는 안 된다. 여기에 외래 노동자 칠십이만을 대비하면 외국 노동자층이 그 사회에서 가장 안정된 요소인 농업인구를 훨씬 능가한다는 놀랄 만한 사실이 드러난다.

마침내 뜻있는 인사들은 사회의 장래를 우려하기까지에 이르렀다. 비교적 천한 일, 섬기는 일, 육체를 쓰는 일은 다 외국인에게 맡기면 이 사회의 장래가 어떻게 되겠느냐 하는 우려에서이다. 옛날에는 스위스의 젊은이들이 밖으로 나가 피를 흘리면서 돈을 벌어들였는데, 이제는 깨끗한 일만 하고 어려운 일은 모조리 남에게 시키고 화이트 칼라 직업만 갖는 세대가 되었으니 이 사회의 장래가 무엇이 되겠느냐 하는 것이다. 스위스 사람들의 고유한 근면·검약·저축의 기풍에 변화를 가져오지 않느냐 하는 것이다.

그러나 생산조직과 직업구성이 워낙 변화하여 상당한 수의 외국노동자를 쓰지 않고서는 경제를 유지하지 못할 정도로 된 것도 간과할 수 없다. 이제는 자체의 농촌 인구도 적어져서 미숙련 노동자를 가져 올 여유가 내부에 없는 것이다.

스위스의 노동자는 이젠 전반적으로 기술자 층으로 올라갔고, 보수를 많이 받아서 단순한 육체노동을 하려고 들지 않는다. 이런 경제적 요청과 사회적 고려가 상극하는 모순에 직면하였을 때 스위스인들이 어떤 방향을 택하느냐 하면, 목전의 경제적인 요구를 억제해서라도 사회적인 균형의 유지에 중점을 두는 정책을 채택하고 있다. 이것은 스위스인들의 세계관을 이해하는 데 매우 흥미 있는 중요한 점이다.

스위스 연방정부는 1965년 2월의 긴급명령으로 각 기업체별로 외국인 노동자를 유월 말까지 오 퍼센트를 줄이고 그 후 한 해 동안 다시 오 퍼센트 더 감축하라는 매우 극단적인 긴급명령을 발표하였다. 동시에 외래 노동자를 가장 많이 고용하는 건축·토목공사에 대하여 칸톤 별로 실링을 주어 그 이상을 초과하지 못하게 하였다. 이 두 가지 관련된 긴급조치는 자유기업과 칸톤의 주권을 존중하는 스위스의 정치제도로서는 이례적으로 직접적인 통제조치라는 점에서도 주목된다. 이런 조치는 외래노동자의 총수가 오십만 수준까지 내려갈 때까지 계속될 것으로 알려지고 있다. 이 문제가 얼마나 심각한 문제인가 알 수 있다. 외래 노동자 문제는 사회문제

넘버원으로 의식되고 있다. 이 경향의 좋은 예는 1964년 여름 로잔에서 개최된 국가박람회에서 볼 수 있었다. 이 박람회는 1939년 이차세계대전 직전에 취리히에서 개최된 이래 이십오 년 만에 열린 것으로, 단순한 산업박람회라기보다는 국민교육전시회의 성격이 농후하였다. 스물다섯 개의 칸톤이 각각 자기 '칸톤의 날'의 행사를 가질 뿐만 아니라, 회장의 중심점에는 삼천 개의 '게마인데'의 깃발을 가지고 엮은 커다란 게양대를 만들어 놓고 관람하러 온 모든 국민에게 향토의식과 아울러 '한 가지가 아니면서도 하나'인 연방국가의식을 고취하는 것이었다. 이 박람회장에서 가장 주목할 만한 것은 소위 '스위스의 길'에 놓여 있는 다섯 개의 천막 속에서 차례로 영사되는 '장래의 다섯 가지 문제'라는 제목의 충격적인 문화영화였다.

그 다섯 가지 문제들이 무엇이었느냐 하면 첫째가 외국인 노동자의 사태, 둘째가 도시의 인구집중과 오물처리 문제, 셋째가 증가하는 노인층 인구의 부양 문제, 넷째가 학교교사·의사·간호원·기사 등 고급 직업인의 부족 문제, 다섯째가 부부 맞벌이에 따르는 가정 문제였다. 여기에 제기된 다섯 가지 문제 중 고도의 경제적 번영과 관련되지 아니한 것이 없다. 첫째, 계속적으로 경기가 좋고 벌이가 좋으니까 국내 노동자들로는 부족하여 의국노동자들이 들어오게 되고, 둘째, 공업화가 될수록 한편 공장의 굴뚝과 파이프에서 나오는 오물이 많을 뿐만 아니라 다른 한편에서는 인구의 도시 집중을 가져

알프스의 명산 융프라우

와 도시 오물이 산적하게 되는 것이고, 셋째, 소득과 보건의 향상에 따라 노령층이 증가되나 농촌의 어른과도 달리 도시의 노인들은 할 일 없이 양로원과 공원 사이에서 쓸쓸한 세월을 보내야 되고, 넷째, 고도로 경기가 좋은 경제 상태에서는 젊은이들은 손쉽게 벌이를 찾는 반면 장기간의 교육기간과 투자가 필요한 고등 직업을 가지려는 의욕을 상실하는 경향이 있게 되고, 다섯째로, 일자리가 많으니까 가정 부인들도 직장을 갖는 수가 많아짐에 따라 어린이들이 부모를 만나는 시간이 적어지고 또 부모 상호간에 만나는 시간도 짧아지기 때문에 자연히 가정의 사랑이 엷어지는 경향이 생겨 이세들의 성장에 어두운 그림자가 끼게 된다는 것이다. 이런 문제들은 오늘날 세계 어느 나라에도 있는 문제들이고, 가난과 싸우는 나라에서 온 사람의 눈에는 일견 문제 같지 않은 문제들이라고 웃어넘길 유혹도 없지 않은 것들이었다.

그러나 위에서도 말한 바와 같이 외래노동자 문제는 스위스의 경우에 있어서는 이제는 단순히 경제적인 문제를 떠나 사회적 또는 도덕적인 문제가 되었고, 국민박람회에 있어서도 그런 각도에서 의식되어 제기되었다는 것이 중요하다.

어쨌든 이 문제는 경제적인 문제로부터 사회적인 문제로 화했고, 차츰 도덕적인 문제로까지 번지고 있다. 일부 식자층에는 외래노동자의 사태를 위험시한다는 것은 곧 제노포비아(외인혐오증)로서, 종교적 또는 정치적인 박해를 받고 찾아온 많은 피난민과 망명객들을 환대하는 것을 전통으로 삼

는 스위스로서는 양심의 위기라고 문제를 의식하는 사람들
도 있다.

이 문제에 대한 장기 대책으로 일부에서는 산업의 자동화
를 더 촉진하는 한편 외래노동자의 수를 가급적 오십만 선까
지 줄이면서, 그중에서 일부를 점진적으로 동화하기 위하여
가족의 이주·자녀의 교육·주택의 개선·사회보장에 있어서
의 동등한 대우 등을 실시하자는 제안들이 나오고 당국자들
도 이런 방향에서 정책을 준비하고 있지만, 사회의 저항도 만
만치 않은 형편이다.

이 문제에 대하여는 뚜렷한 통일된 여론도 없고 아마도 장
래 장기간을 두고 스위스의 문제 제일호로 남아 그 해답을 촉
구해 마지않을 것이다.

돈벌이도 너무 좋으면 문제가 생기고 부자 나라에도 걱정
거리가 있는 것 같다.

경제적인 번영의 법칙을 좇는 동안에 갑자기 느끼게 된 외
래노동자의 사태가 어떻게 사회적·도덕적 문제를 제기한다
는 것은 밝혔으나 이 사회적 내부균형과 도덕적인 양심이 왜
스위스 사람들에게는 그렇게도 심각한 문제인가? 이 질문의
해답을 위하여 우리는 이 책의 다음 부분에서 스위스의 사회
와 문화에 대하여 살펴 볼 기회를 가지게 될 것이다.

제2부
정치와 교육문화

6. 정치는 부업으로

스위스 연방 공화국은 이름 그대로 지방 중심의 연방이다. 처음부터 산속에 있는 슈비츠·우리·운터발덴 세 칸톤canton의 연맹으로 시작했다. 오늘날 스물다섯 개 칸톤(열아홉 개 칸톤과 여섯 개 반칸톤)으로 구성되어 있다. 스위스 시민은 연방시민이기 전에 어느 칸톤의 시민이다. 칸톤은 단순히 국가의 권한을 지방으로 분산하기 위하여 생긴 것이 아니라 처음부터 독립된 권한을 가지고 있는 것이다. 지역적인 행정구역이 아니라 향토적인 정치사회이다. 네 개의 언어와 두 개의 문화와 두 개의 종교가 서로 엇갈려 있는 혼성국가인 스위스의 칸톤을 중심으로 하는 연방 조직은 또한 언어, 종교, 문화에 있어서의 소수의 이익과 전통을 보호하는 기능을 다한다.

행정 권한이나 재정적인 세원도 원래 칸톤에서 시작해서 일부를 연방에 넘겨 준 데 지나지 않는다. 경찰·교육·보건·

도로 등은 칸톤이 담당한다. 원래는 국방·외교도 칸톤이 장악했던 것을 후에 연방에 넘겼다. 연방정부의 활동은 국방·외교 이외에 교통·체신·관세·경제조정이 위주다. 세원에 있어서도 직접세는 원칙적으로 칸톤에 돌려지고 간접세만 연방으로 들어간다. 스위스 연방헌법에는 재정 조항이 없다. 즉 연방이 세금을 걷는 데 대한 헌법적인 뒷받침도 주지 않고 있어, 십년마다 특별법을 통과시키는 형식을 취하고 있다. 각 칸톤들이 얼마나 정부 본래의 권한을 걸머지고 있고, 연방정부의 비대에 대하여 질시하는가 하는 태도를 엿볼 수 있다. 1848년 연방헌법이 제정되기까지는 각 칸톤이 주권을 가졌고 자체의 법률과 군대를 가졌었다.

이런 지방 중심의 정치제도는 스위스의 정치 생활에 뚜렷한 몇 가지 특색을 부여했다.

첫째는 스위스에는 다른 나라에서와 같은 의미에 있어서의 수도首都가 없다. 물론 연방의 행정부와 의회는 베른에 자리를 잡고 있고 따라서 외국의 대사관들은 다 베른에 있다. 그러나 연방 최고 재판소는 로잔에 있고 연방 중앙은행과 국립대학(공과)은 취리히에 있다, 1848년 전까지는 연방 입법부도 취리히·베른·루체른 세 도시를 번갈아 두 해마다 자리를 옮기고, 행정부의 사무도 입법부가 옮기는 곳의 칸톤 정부가 담당한 역사가 있다. 지금까지도 이런 지방간의 상호 경쟁과 견제의 기풍이 살아 있어 국립 박람회도 각 지방을 돌면서 윤번제로 한다.[1] 국제 비행장도 취리히·제네바·바젤에만 있고 베른에는 없다. 스위스 사람에게 수도가 어디에 있느냐고 물으면 선뜻 베른이라고 대답하는 사람은 매우 적다. 흔히 얼굴을 붉히면서도 한편 자랑스럽게 우리의 수도는 여러 군데 있다고 대답한다. 스위스는 과연 서울이 없는 나라다. 정치적·경제적·문화적 의미에 있어서의 하나의 서울이 없다.

둘째로 정치적인 수도가 없다는 것은 또한 정치를 본업으로 하는 정객들이 없다는 것과 상통한다. 스위스에서 정치는 부업이다. 서울이 한 곳에 있지 아니하고 각 지방에 있듯이 정치는 특수한 사람이 하지 아니하고 모든 사람이 한다.

정치인의 대명사라고 볼 수 있는 국회의원들이 다 자기의 직업을 따로 가지고 있다. 이 본업은 선거에 출마할 때에 격식을 갖추기 위해서나 선거구민에게 잘 보이기 위해서 형식적으로 붙이는 식의 직함이 아니다. 다음의 표에서 국회의원들의 직업분류를 볼 수 있다. 포도원 주인, 다방 주인, 기술공으로부터 노조서기·교사·언론인·변호사·상인·신문편집인·시장·칸톤 정부요인 등 없는 직업이 없다. 특히 주목할 만한 것은 칸톤과 시읍市邑 지방정부의 행정·입법요인들과 법관들이 가장 큰 비중을 점한다는 사실이다. 이 그룹은 하원에서 사분의 일, 상원에서 절반을 각각 넘는다. 스위스의 연방조직의 특색을 잘 나타낸다.

상하 양원의 정기회기는 일 년에 네 번 각 삼 주 이내로 개회

---

1. 인구(1962년) : 취리히 44만, 바젤 23만, 제네바 18만, 베른 17만, 로잔 13만

스위스 연방 의회 의원 직업 분류(1964년)

	하원	상원
1. 지방정부 요원	53	24
2. 언론인, 교수, 교사	32	3
3. 정당, 노조, 협회 직원	30	-
4. 실업가	25	3
5. 변호사, 대서인	21	8
6. 농업	21	1
7. 기사, 기술공, 은행가, 의사	18	5
총 재적수	200	44

H. Reimann: Schweizer Jahrbuch des Öffentlichen Lebens, 1964/65. pp. 3-23.

된다. 이렇게 회기가 너무 길지 않고, 거기다가 대부분의 도시가 의사당이 있는 베른으로부터 기차로 두 시간 내의 거리에 위치하고 있기 때문에 국회 회기 중에는 자기의 생활근거지에서 능히 통근을 할 수가 있다. 바쁠 때만 며칠 호텔 생활을 하면 된다. 이들은 회의에 출석하는 날만 일당을 받는다. 월급도 없고 세비歲費도 없다. 생활은 자기 본업으로 지탱한다. 자녀의 교육을 위하여 수도에 주택을 옮길 필요는 더욱 없다.

연방의회만 아니라 칸톤의회의 의원직도 부업이다. 그래서 이 두 직을 한 사람이 겸하는 경우가 많다. 뿐만 아니라 조그만 시·읍의 시장·읍장이나 평의원직 세 가지를 겸하는 경우도 있다. 누구나가 배가 차는 나날의 일을 하지 않고서는 배겨나지 못하는 이 나라 사람들의 기질을 잘 나타낸다.

정치를 본업으로 하는 사람이 없다는 말은 모든 사람이 정치를 한다는 말과 서로 통한다고 위에 적었다.

이것이 유명한 스위스의 직접민주주의 제도다. 이 제도의 가장 뚜렷한 표본이 시민투표Referendum 제도이다. 이 시민투표는, 연방에는 연방 입법절차에도 개입하고 칸톤의 그것에도 끼게 된다. 연방에 있어서는 헌법 개정은 반드시 시민투표에 붙여야 한다. 이 투표는 전체 국민의 과반수의 찬성투표만 아니라 스물두 개 칸톤(열아홉 개 칸톤에 여섯 개 칸톤은 반으로 셈한다)의 과반수의 찬성을 얻어야 유효하다(한 칸톤의 시민의 과반수의 투표를 그 칸톤의 집단적 투표로 간주한다).

이 밖에 무기한 또는 십오 년 이상의 유효기간을 가지는 법률 또는 조약도 삼만 명의 서명으로 요구할 때는 역시 시민투표에 붙여진다. 이것은 성격상 법률과 조약에 대한 시민의 거부권행사의 기회를 주는 셈이 된다.

칸톤의 레벨에서는 이 시민투표제도는 더 빈번히 사용된다. 어떤 칸톤에서는 모든 입법에 대하여 뿐만 아니라 일정한 금액 이상의 모든 재정조치에 대하여 의무적으로 시민투표에 부치게 되어 있다.

시민투표Referendum와 병행하는 것이 시민발의Initiative제도이다. 연방헌법 조항에 따라 오만 명의 서명이 있으면 헌법 개정을 제안하거나, 어떤 내용의 법령안을 제출하여 줄 것을 제안하거나 또는 그런 안에 대한 시민투표를 제안할 수 있게 하는 광범한 시민의 권한이다.

최근의 현저한 예로는 1962년 봄과 1963년 봄, 두 차례에 걸친 원자무기 금지에 관한 시민발의권의 발동을 들 수 있다. 이 두 시민 발의는 주로 사회민주당과 프랑스어 사용지역의 평화론자들의 발의에 의한 것으로, 그 취지는 현재나 장래 어떤 때에나 여하한 종류의 원자무기라 할지라도 이를 스위스 군대의 무기체계에 도입하여 사용하는 것을 스스로 금지하자는 것이었다. 형식적 차이는 제일차의 것은 그런 금지 조항을 헌법에 넣자는 것이었고, 제이차의 것은 헌법조항의 기초 및 제안을 정부에 요청하는 것이었다. 이 양차의 시민발의는 두 번 다 부결이 되었다. 즉 시민 전체의 과반수의 지지도 얻지 못하고, 또 칸톤의 과반수의 지지도 얻지 못했다.

　스위스의 직접민주주의 제도를 가장 단적으로 표시하고 보존하고 있는 곳은 소위 란데스게마인데Landesgemeinde라고 불리는 다섯 개의 칸톤이다.

　이들은 동북부 산악지대에 있는 글라루스Glarus, 아펜첼 외곽Appenzell Ausserrhoden, 아펜첼 내곽Appenzell Innerrhoden, 옵발덴Obwalden 및 니트발덴Nidwalden의 다섯 개 칸톤들이다. 이들 시골 칸톤에서는 오늘날도 매년 봄 어느 일요일에 온 칸톤 내의 선거권을 가진 남자가 다 한자리에 모여 칸톤 지사知事나 기타 정부 요인을 선거하고 또 법을 통과시킨다. 만 명 이상의 온 시민이 한데 모여 육성과 거수로서 모든 의사를 진행하는 광경이야말로 옛날 그리스 아테네와 같은 도시국가에서 실

직접민주주의의 표본 - 란데스게마인데의 광경 (글라루스, 2019)

시된 직접민주주의를 오늘날 20세기에 있어서 보존하고 있는 산 역사적 표본이라고 할 수 있겠다.

스위스가 한편 이렇게 유례없는 민주주의의 표본이라면 또 한편에 있어서는 세계에서 단 하나밖에 없는 여자의 선거권이 없는 민주주의 나라이다. 제네바·뇌샤텔·보(로잔) 등 일부 프랑스어 사용 칸톤을 제외한 다른 칸톤에서는 여자들은 투표권이 없다.

이것은 첫째, 여자의 역할은 가정에서 현모양처가 되는 것이라는 동양풍습과 비슷한 고래 게르만 민족의 풍습의 영향이고, 둘째는 총을 드는 사람이라야 투표할 권리를 준다는 스위스 민병제도의 영향이라고 스위스 사람 자신들이 변호하고 있다.[2] 신기한 일은 스위스의 여성들도 다 교육을 받았는데도 여자의 투표권 획득을 위한 운동이 일반적으로 활발하지 않다는 점이다. 그래서 스위스 사람들은 남녀를 막론하고 이 점을 찔러 물으면 여자들 자신이 투표권을 원하지 않고 있다는 대답을 하는 것이다.

이리하여 모든 사람이 정치를 한다는 데는 형식상 여자는 포함되지 않겠지만, 정치를 부업으로 하기 때문에 모든 국민이 정치를 하게 된다는 의미에서는 스위스의 여자들도 비록 흔하지 않지만 역시 자기의 남편들을 통하여 정치를 한다는 사실은 부인할 수 없을 것 같다.

---

2. Hans Huber : How Switzerland is Governed, ch. IV.

7. 대통령도 윤번제로

아무도 정치를 도맡아 하지 않으면서 누구나 다 정치를 하는 스위스의 생활양식을 가장 집약적으로 나타내는 것은 연방평의회Bundesrat, Conseilfédéral라고 불리는 연방내각이다. 이 내각은 연방의회의 합동회의에 의하여 사 년마다 선출되는 연방평의원Bundesrat, Conseiller fédéral 일곱 명으로 구성된다. 의회에서 뽑기는 하지만 의회의 불신임 대상도 되지 않고 또 의회를 해산할 권한도 없기 때문에 의원내각제도의 내각과도 성질이 다르다. 그렇다고 대통령 중심제 하에 있는 내각도 아니다. 오히려 의회가 간접선거에 의하여 선출하는 일곱 명의 집단적인 국가원수 겸 행정수반이라고 하는 것이 타당하겠다. 비록 임기는 사 년이라고 하지만 본인이 스스로 은퇴하거나 사망할 때까지 계속 재선되는 것이 관습이 되어 있다. 이들 일곱 연방평의원들은 또한 연방행정부의 일곱 성을 분담한다.

즉 각기 외무·내무·재무·법무-경찰·국방·경제·교통-체신 등 부의 장관이 된다. 명목상 대통령과 부통령이 없는 것은 아니다. 그러나 그것은 어디까지나 명목상이지 실제에 있어서는 저들 일곱 사람의 연방평의원 겸 장관이 윤번제로 교대하면서 그 직을 겸임하여 금년의 부통령은 으레 명년에는 대통령이 되고 명후년에는 대통령의 겸직을 면하는 제도이다. 그래서 금년의 대통령은 내무장관이고, 작년(1964년)에는 법무-경찰장관, 재작년(1963년)에는 교통-체신장관, 1962년에는 국방장관, 1961년의 대통령은 그때나 지금이나 외무장관 직에 있다.

이렇게 윤번제로 하니까 한 연방평의원으로 당선만 되면 은퇴하기 전에 두 번 이상 대통령이 되어 보는 예도 많다. 사실 대통령의 사무실도 따로 없다. 입법부와 행정부가 공동으로 사용하는 중앙청 청사 내에 연방평의회실과 그 부속실이 있을 따름이다. 대통령은 단지 예전적禮典的인 활동이 부가될 뿐이다. 외국 대공사의 신임장은 받지만 국가 원수의 자격으로 외국을 예방하는 예는 없다. 모든 국무에 대한 결정과 대표의 권한과 책임은 연방평의회가 집단으로 행사하고 또 감당한다. 연방평의회는 매주 두 번 오전 중에 갖는데, 그 해의 대통령이 의장이 되고 뒤에 적는 관방장과 차장만이 배석한다.

그들의 사무실도 한 청사 내가 아니면 서로 가까이 있어 일곱 명의 연방평의원들은 공사간 긴밀한 접촉을 하고 상호 동

연방정부 행정부와 입법부가 있는 베른의 분데스하우스

등한 입장에서 공동의 책임을 다할 의무와 운명을 짊어졌다는 의식 밑에서 고도의 단결과 협동심이 발휘되어, 매우 평화스럽고 안정된 정부를 가지게 되는 것이다. 그들은 후에 말하겠지만 당적을 달리할지라도 대외적인 발언에 있어서는 집단적 단결을 유지한다. 우리나라의 어떤 퇴역장군이 이 나라를 지나가다가 이 제도에 관한 얘기를 듣고 찬탄해 마지않는 것을 본 일이 있다.

연방평의회의 구성은 연방의회의 원내 정당세력의 분포를 반영하고 있다. 스위스의 연방의회는 상하 양원제도를 채택하고 있다. 상원은 Staenderat 또는 Conseil des Etats라고 불리는데, 미국 상원의 본을 따서 각 칸톤에서 두 명씩 대표된다. Nationalrat 또는 Conseil National이라고 불리는 하원은 인구비례로 선출되는 대의원으로 구성된다. 연방평의회의 구성 비율이 하원 내의 세력분포에 따라 결정된다. 현재 하원에는 이백 개 의석이 있는데 그 중 대정당인 자유당, 가톨릭보수당, 사회민주당, 농민당이 각각 51 : 48 : 53 : 22 표로 174석을 차지하고 나머지 26석을 군소정당과 무소속이 채우고 있다 (공산당은 네 석이지만 교섭단체를 구성하는 데 필요한 다섯 석에 한 석이 부족하여 교섭단체도 구성을 못 하고 있다). 그래서 1959년 이래 이상 네 개 정당에서 2 : 2 : 2 : 1의 비율로 연방평의원을 분점하고 있는 것이다.

연방평의회의 구성은 비단 원내의 정당세력만 반영하는 것이 아니라, 각 언어·지방·종교도 대표한다. 먼저 삼대 칸톤인 베른·취리히·보(로잔)에서 한 명씩 나오게 하는 것이 오랜 불문율이다. 종교적 소수인 가톨릭교는 보수당 출신 평의원(현재 두 명)으로 대표된다. 소수 언어인 프랑스어지역은 현재 두 석(보 칸톤 출신을 포함해서)이므로 독일어 지역 대 프랑스어 지역의 비율은 5:2이다. 이탈리아어를 사용하는 칸톤 티치노Ticino에서도 한 명 나오는 예가 안 나오는 경우보다 더 많았지만, 현재는 한 명도 없고, 관념상 그 지역은 프랑스어 지역과 같이 생각된다. 여하간 이렇게 일곱 명의 연방평의원은 개개인이 단순한 행정적인 각료가 아니라 스위스를 형성하고 있는 각각 다른 정당·지방·언어·종교를 대표하고 있기 때문에 이들은 반대로 자기 출신 지방·종교·정당에 대하여 연방정부 전체, 나라 전체를 대변하는 임무를 잃지 않고 있다. 각자가 집단적인 국가원수제의 일원이기 때문에 그의 출신 사회에서는 그 개인이 국가원수요 연방의 상징이다. 그들은 지방 또는 사회단체의 행사에 참석하는 것을 즐기고 또 이를 힘써 한다. 취리히, 바젤 같은 독일어를 사용하는 프로테스탄트 도시에서 행사가 있을 때에는 주로 독일어 지방 출신 프로테스탄트교도인 연방평의원이 가서 연설한다. 한편 제네바·로잔 같은 프랑스어 사용 프로테스탄트 도시에는 역시 그런 배경을 가진 연방평의원이 전 연방을 대변한다. 루체른이나 슈비츠 같은 가톨릭 칸톤에는 가톨릭 출신 연방평의원이 참석한다. 이렇게 하여 국민들은 자기들의 향토의 아들native son 속에 자기의 나라를 발견하고, 이 지방의 아들들은 나라 전체의 의식을 자기의 고향사람들 마음속에 심어 넣는다. 이 일곱 사람들은 이러는 동안에 상호간 동심일체의 의식이 생기게 되고 긴밀한 단결이 생기는 것 같다. 물론 그들은 각각 출신 정당에 속하므로 그것과 관계가 뚜렷하다. 각각 의회 내의 소속당의 의원 총회에는 으레 참석한다. 거기서는 자기가 담당하지 않는 부의 일에 이르기까지 설명해야 하겠지만, 동시에 연방평의회 전체의 입장을 자기 당 소속 의원들에게 설명하여 일종의 설득을 하는 기회도 갖게 된다. 어떤 부를 맡은 연방평의원이 그 소관의 일에 관하여 의회나 여론의 공세를 받을 때, 다른 당과 지방 출신의 연방평의원이 가장 말썽 많은 지방도시에 나가서 공격의 대상이 되어 있는 연방평의원을 변호하는 의도의 연설을 하는 예를 많이 본다.

연방평의원들의 평민적인 생활은 오랜 전통이다. 과거 어떤 연방평의원이 자기 지방으로 가는데 "왜 삼등차를 타느냐?"고 질문을 받았을 때 사등차가 없어서 삼등차를 탄다는 대답은 살아 있는 전설이다. 오늘날도 외무장관이 스스로 운전하여 출근하고, 대통령 겸 내무장관은 집에서 사무실까지의 십오 분 거리를 도보로 통근하는 것을 볼 수 있다. 이렇기 때문에 이들이 지방에 나갈 때 일반 시민들이 마음에서 우러나오는 친근한 미소와 박수로 환영하는 것을 목격하는 일이 많다.

이와 같이 연방평의원의 구성은 대정당을 망라한 것으로 이런 의미에서 스위스에는 야당이 없고 정부는 만년 연립정부라고 해도 과언이 아니다. 이 제도는 정부에 비할 수 없는 안정성을 부여하는 반면에 정책에 보수성과 침체성을 준다는 비판도 없지는 않지만, 타협과 공존을 숭상하는 스위스 기질에는 잘 맞는 것이기에 오랫동안 이 제도를 유지해 온 것이리라.

연방평의회(내각)에 사무국장Chancelièr fédéral과 부국장Vice-chancelièr fédéral이 있는데, 이들도 국회에서 선출하는 선거공무원이긴 하지만 내각의 사무국 역할을 할 뿐만 아니라 각각 국회 하원과 상원 공무회의에서 의장의 통역(국장은 프랑스어, 부국장은 독일어)까지 맡아 한다. 이것은 또다시 기구의 확대보다는 임무의 겸임을 통하여 공무원을 혹사하는 스위스 독특한 운영방식으로 외국의 내각 관방장이나 국회 사무총장들에게는 족히 전율을 느끼게 할 만한 뉴스이다. 내각 사무국장만 아니라 장관인 연방평의원들도 혹사를 당한다는 평이다.

장관을 혹사하는 실증으로 차관제도가 없다는 사실을 들 수 있다. 정부의 직제와 요원 명단에 보면 각부에 장관대리의 직책이 있다. 그러나 그것은 예를 들면 외무장관대리를 경제장관이 겸임하고, 경제장관대리를 재무장관이 겸임하는 식으로, 역시 일곱 명의 연방평의원 사이의 엇갈림에 지나지 않는다. 사실상 장관이 스스로의 사무차관을 겸한 셈이다. 더욱이 중앙정부의 부의 수가 일곱밖에 없다는 것을 아울러 고려할 때 이들 차관 없는 장관들의 사무적인 부담과 과로는 가히 짐작하고도 남음이 있다. 어떤 장관실을 예방하여 보면, 사무용 책상 위는 물론 회의용 테이블 위, 심지어는 응접세트와 의자 위에까지도 메모와 결재서류가 놓여 있는 것을 볼 수 있다. 특히 가장 업무량이 광범위하기로 정평이 있는 부는 공공경제부다. 이 부에는 농림·상공·대외통상 등 다른 나라 같으면 적어도 두 개 내지 세 개 부의 업무가 한 군데 모여 있다. 보통 외무부 소관이 되는 대외통상교섭에 관한 사무까지 이 부의 소관인 것이 주목할 만하며 이것을 위하여 대사·공사 수 명이 배속 되어 있는 것이다.

소수의 장관이 한편 정치적으로는 집단적 행정수반의 일원이 되고 또 한편 사무적으로는 스스로의 사무차관이 되면서도 행정이 원활히 운영되자면 두 가지 요건이 구비되어야 할 것이다. 한 가지는 그들 자신이 정치적인 역량과 아울러 고도의 식견과 경험을 가져야 하겠고, 또 한 가지는 국장을 비롯한 행정관리들이 유능해야 할 것은 더 말할 나위도 없다.

과연 연방평의원들의 면모를 살펴보면 정객과 전문가의 혼합이다. 일곱 명 중 두 명은 연방의회원, 두 명은 지방 정부 요인의 전력을 가지고 있고, 나머지 세 사람은 국제전문기구의 간부, 연방정부 국장, 대학 교수의 전직에서 각각 정당에 의하여 고빙 또는 징용된 경로를 가지고 있다.

정부의 국장·과장들도 소수 정예의 직업공무원들로서, 이들도 종횡으로 겸임을 하면서 일인다역을 하고 있는 예를 많이 볼 수 있다. 관청조직은 종적 계단도 적고, 횡적으로도 그

기구의 확장을 극도로 억제하는 기풍을 볼 수 있다. 업무의 가짓수가 늘었다는 구실로 횡적으로 국·과를 자꾸 만들어 내고 사무량이 많아졌다고 종적으로 결재의 사닥다리를 더 늘이는 것을 스위스 사람들은 매우 싫어하는 것을 눈으로 볼 수 있다.

정치를 부업으로 하는 사회이기에 정치는 가급적 작게 값싸게 유지하고, 공무원은 가급적 많이 부려먹는 것이 또한 이 나라의 특징이다.

8. 공과대학만이 국립

한 나라의 번영은 그 산업에 달려 있고, 산업은 교육에 의존한다. 그러므로 한 나라의 교육제도는 풍토와 산업구조와 알맞게 짜여야 하고 또한 그 나라가 발전해 나가려고 하는 사회의 미래상에 맞추어 국민을 이끌어 나가야 한다. 요새 우리나라에서도 이와 같은 취지에서 교육제도에 대한 근본적인 반성이 활발하게 진행되고 있음은 매우 다행한 일이다. 이런 때에 작은 나라 스위스의 교육제도의 일단을 살펴보는 것도 무의미한 일은 아니겠다. (스위스 학제 표 참조) 스위스의 학제는 연방제도 때문에 칸톤에 따라 각각 다르다. 그러나 전반적으로 세 가지 특색을 추려낼 수 있겠다. 즉 보편적인 초등교육을 기초로 하여, 양적으로는 국민의 대부분을 위한 실업 기술교육에 치중하고, 사회 지도층을 양성하기 위한 수재교육을 병행하고 있는 것이다. 의무교육 기간은 칸톤에 따라 다른

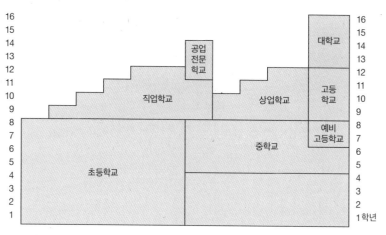

스위스 학제표

데, 일부 산간의 칸톤에서는 칠 년이지만 대부분의 도시화된 칸톤에서는 팔 년(취리히, 바젤) 내지 구 년(베른, 제네바)이 다.

실업교육과 수재교육의 병행현상은 초등교육기간 중에 벌써 시작한다. 제일학년부터 제사학년까지는 모든 아동들이 같은 학교에 다닌다. 갈림길은 제오학년부터 시작된다. 이때 자질과 성적에 따라 아동의 절반은 제팔, 제구학년까지 계속되는 같은 초등학교Primarschule에 머무르고[3], 다른 절반은 사, 오년 과정의 중학교Sekundarschule에 들어간다. 이들 중학생들은 이 년 후 즉 제칠학년에 올라갈 때 다시 갈림길이 생긴다. 학급의

---

3. 이들도 오, 육, 칠학년 말에 다시 시험을 보아 중학교에 들어갈 기회가 남아 있다.

사분의 일의 우등생만 예비고등학교Progymnasium에 들어가고 나머지 사분의 삼은 그냥 머물러 있다가 제팔, 제구학년에서 중학교를 마친다. 전자에서는 최고 이 년간만 제이국어(프랑스어)를 배우고 대수·기하를 배우지 않는 데 반하여, 후자에서는 오 년간 늘 제이국어를 배우고 대수, 기하를 배운다.

이들은 이름은 다르지만 초등학교에 그냥 남아 있는 옛 친구들과 마찬가지로 팔 구 년간 교육을 마치고 학교와 일단 작별한다. 여기에서 양적으로 주목할 만한 사실은 소년 소녀들의 육분의 오가 열다섯 살을 전후해서 정규 교육 과정에서 이탈하여 일단 사회에 나가 취직을 하면서 동시에 실업 기술 교육을 받는 단계로 들어간다는 사실이다. 이렇게 팔, 구 년의 초등 또는 중등 교육을 마친 소년 소녀들은 일단 사회에 나가 취직을 하면서 동시에 일 년 내지 사 년, 평균 삼 년의 직업학교Gewerbeschule Apprenticeship School 또는 상업학교Kaufmännische Schule에 다닌다. 이 학교들은 실제 기술훈련소이다. 따라서 학습 내용에서도 이론이 아니라 실제 기술습득에 치중한다. 이 직업학교의 설립은 칸톤이 하지만 운영에 있어서는 기업체들과 밀접한 관계를 유지한다. 한편 취직을 하고 한편 직업학교를 다니면서 자기의 취지에 맞는 기술을 연마하면 열여덟 살 내지 열아홉 살 무렵에는 이들은 한 개의 훈련된 직공 또는 기술공으로 떳떳한 성인이 되어 사회에 나서게 된다.

이들이 스위스 사회에서 얼마나 중요한 중견적 위치를 차지하느냐는 다음의 통계가 여실히 증명하고 있다. 실업 기술

교육은 스위스의 경제, 사회, 정치에 중요한 관련이 있기 때문에 가장 핵심인 직업학교 제도는 뒤에서 상세히 다루기로 한다.

스위스 연방 국방성이 공개한 보고서에 의하면 1962년에 스무 살 입영자의 교육경력의 분류를 보면 다음과 같다.

초등학교 졸업생	42%
중등, 실업, 기술학교 졸업생	47%
고등학교 졸업 및 대학생	11%

이 통계는 스위스 교육제도의 효용을 간접적으로 잘 입증하고 있다.

한편 중학교를 이 년 다닌 후 그러니까 제육학년을 마친 후 예비고등학교에 들어간 수재들은 어떻게 되는가? 이들이 과연 소수정예들이다. 사학년 말에 한 번 뽑히고 지금 육학년 말에 두번째 뽑혀 전체 동년배들의 십이 퍼센트로 좁혀진 우등생의 그룹이다. 이들은 그 후 이 년간의 예비교육을 마친 뒤 제팔, 제구학년부터 사 년 반 과정의 고등학교Gymnasium에 들어간다.

스위스의 고등학교는 거의가 칸톤이 설립한 공립학교이다. 그러나 이 외에 사립고등학교가 있어 예비고등학교에는 못 들어갔지만 역시 고등학교로 진학을 희망하는 자녀들이 주로 이들 사립고등학교에 입학하여 졸업 후 역시 대학입학자격시험을 거쳐서 대학으로 진학하는 길이 열려 있다.

고등학교는 보통 A(고전)부, B(반고전)부, C(이수理數)부로 나눠진다. 그래서 A부를 고전과, B부를 반고전과라고도 부른다. 어떤 곳에서는 상과가 더 있는데도 있다. AB 공통으로 라틴어를 매주 대여섯 시간씩 배우는 외에 A부에서는 그리스어를, B부에서는 현대어학(주로 영어)을 네 시간 내지 여섯 시간 배우는 것이 유일한 차이다. 이과의 교수과목은 문과 B부의 그것과 비교하여 다만 라틴어 대신 수학과 물리, 화학이 더 많을 뿐이다. 문과에도 원래 수학과 물리, 화학 과목이 들어 있다.

교과요목은 그리스어, 라틴어 외에 각과 공통으로 독일어, 프랑스어·영어(또는 이탈리아어)·역사·지리·수학·생물·물리·화학·미술·체육 등 필수과목이 들어 있다.

고등학교는 오로지 대학 입학 준비를 위하여 있다고 해도 과언이 아니다.

고등학교 사 년 반을 마치면 대학입학 자격시험, 소위 마투라Matura를 보아야 하고 이에 합격하면 대학에 입학하는데 대학의 연한은 졸업논문제도이기 때문에 일정하지 않으나 대개 사 년이 평균이다.

질적 면에서 살펴볼 때 이 '김나시움'이라고 불리는 고등학교야말로 스위스의 교육제도의 핵심일는지 모르겠다. 이 단계에 이르기 전에 실시되는 두 차례의 도태과정과 소수정예를 상대로 하는 집중적인 교육으로 말미암아 국민학교 이래 십이 년 반의 학교교육을 마친 마투라Matura는 벌써 대학에서의 전문교육에 필요한 일반 인문교육은 마스터한 것이다. 이것은 스위스의 대학(다른 유럽 대학도 마찬가지이지만)으로 하여금 처음부터 전문적인 교육을 실시할 수 있는 기초를 제공한다. 따라서 대학의 처음 두 학년에서 다시 인문교육을 해야 할 필요를 없애는 것이다. 이것은 스위스의 고등학교 졸업생이 같은 연한의 학교교육을 받은 미국의 고등학교 졸업생보다 적어도 이 년 앞선 지적수준에 도달한다는 판단이 된다. 과연 이것은 내외의 정평이 되다시피 된 평가인데, 우리는 편견을 없애기 위하여 미국사람 자신들의 의견을 들어보자.

미국의 '원자잠수함의 아버지'라고 불리는 릭오버 제독 V-Adm. Hymann G. Rickover은 폴라리스 전략가로서의 명성에다가 최근 교육사상가로서의 독창성 때문에 널리 알려졌다. 소련이 스푸트니크를 발사한 이래 미국의 생각 있는 사람들은 경이적인 소련의 과학적 도전 앞에 미국의 과학의 장래를 걱정하여 근본대책으로 교육제도에 대하여 심각한 자가비판을 하게 되었는데, 이런 움직임의 일단으로 나타난 것이 1962년에 발간된 릭오버 제독의 명저 『스위스의 학교와 우리 학교—왜 저들의 학교가 나은가Swiss Schools and Ours: Why theirs are better』이다. 그는 직접 스위스에 가 보지도 않고 미국에 앉아서 문헌자료와 개인 접촉 등을 기초로 하여 이 책을 썼다. 그의 주안목은 체계적인 비교교육제도론을 전개하자는 것은 물론 아니고, 오히려 자료를 실증적으로 분석한 결과를 가지고 자기의 결론을 얻어 사회를 향하여 문제를 제기하고 자성을 촉구하자는 데 있다.

　'릭오버 보고서'라고도 불리는 이 저서에서 저자는 스위스 교육제도가 역사상 위에서부터 즉 대학에서부터 시작한 학술교육과, 밑에서부터 즉 초등학교에서부터 시작한 대중교육이 잘 융합되어 있는 것이 가장 뚜렷한 특색이라고 간파하고,[4] 이 두 가지의 요소가 합치는 곳이 다양성과 동시에 실력본위를 보장해 주는 중등교육과정이라고 시사하고, 그 중 관심의 초점을 고등학교에 두고 있다. 그는 스위스의 김나시움의 교과내용과 대학입학 자격시험의 시험문제들을 과목별로 상세히 분석한 부록[5]에 의거하여 이들 십팔, 십구 세의 스위스 고등학교 졸업생들의 어학과 이수理數를 겸전한 학술적인 실력에 대하여 경탄하면서, 스위스의 대학입시 자격증Maturity diploma의 실력수준이 미국의 평균 대학졸업자가 받는 학사학위Bachelor의 수준과 비등하며 미국대학생 총수의 겨우 일 퍼센트밖에 수용하지 못하는 소위 아이비리그 대학의 이학년 수료의 실력수준에 해당한다는 것을 지적하고 있다(릭오버는 또 스위스와 독일, 프랑스 등의 대륙의 대학입시 자격시험 합격자의 실력이 영국의 대학 이학년 수료실력에 해당한다는 영국학자의 평가를 인용하고 있다).[6] 이와 관련하여 아놀드 토인비의 다음과 같은 미국 교육제도에 대한 평가도 크게

---

4. H.G. Rickover, 앞의 책, pp.54-55.
5. 앞의 책, p.168.
6. 앞의 책, pp.79-96.

주목된다.[7]

　'고등학교야말로 미국 교육의 연쇗줄에 있어서 가장 약한 매듭이다. 미국의 평균적인 고등학교 졸업생은 유럽의 동년배와 비교하여 적어도 두 가지의 중요한 점에 있어서 지적으로 이 년 뒤떨어진다. 첫째로 그는 아직 작문에 있어서 효과적으로 자기를 표현하는 것을 배우지 못했고, 둘째로 그는 아직 지적으로 독립하는 것을 시작하지 못했다. 이 결과 미국의 대학과정의 처음 절반은 유럽 같으면 고등학교에서 다 배웠을 것을 새로 배우는 데 대부분 소비된다…….'

　이 얼마나 우리에게도 경성을 줄만한 평가인가. 대학교육보다 먼저 고등학교 교육의 충실이 앞서야 한다는 경고를……

　십이 년 내지 십이 년 반의 학교교육으로 도달하는 마투라수준이 다른 나라에서는 십육 년간의 학교교육을 거쳐야만 도달하는 실력수준과 같이 되는 배후에는 비단 학생들이 우수하고 교사들이 훌륭한 자격을 가졌고, 또 숙제를 많이 한다는 등에만 그 이유가 있는 것은 아니다. 매년 학교에서의 수업시간이 미국(백팔십일)보다 삼분의 일이 더 많기 때문에, 초등학교부터 수업시간 차이만 따지더라도 스위스의 십이학년이면 미국의 십육학년에 해당한다는 계산이 나온다고 지

---

7. 『뉴욕 헤럴드 트리뷴』(국제판), 1963. 7. 23. p.4.

적하면서[8] 유럽대륙의 교육이 학과실력 중심인 데 반하여 미국 교육이 너무 생활조정life adjustment에 치중하여 허술하다는 점을 경고하고 있다.

릭오버는 또한 스위스의 마투라는 국가시험이기 때문에 일반적인 표준이 되어 그것이 표시하는 교육의 양과 질이 지방과 학교에 따라 큰 차이가 없도록 보장해 준다는 점을 간과했다. 반대로 미국에서는 많은 대학 사이에 교육의 양과 질에 있어서 너무나 차이가 많고 수재들이 모이는 소위 아이비리그 대학의 학생은 전체 대학생의 일퍼센트밖에 되지 않으니 오히려 스위스보다도 극단의 인재 편중의 폐가 있지 않느냐고 반문하면서, 전문가들이 유럽의 고등학교 일부 교육 및 대학 교육에 있어서의 수재 교육제도를 무턱대고 비민주적이라고 비평하는 데 답하고 있다.[9] 우리도 릭오버 제독의 관찰에서 참고할 점이 매우 많음은 더 말할 필요도 없겠다.

마투라 시험합격증만 가지면 스위스 안에 있는 대학에는 아무데나 입학할 수가 있다. 물론 학과 선택은 벌써 고등학교에서 어느 과에 속했는지에 따라 유기적으로 연관되어 결정된다. 대학교 정원이 고등학교 총 정원과 큰 차이가 없기 때문에 정원의 문제도 없고 대학의 수준이 대개 보편적이기 때문에 어느 특정 대학에 대한 편중적인 집중과 경쟁도 없다.

---

8. 앞의 책, p.101.
9. 앞의 책, p.98.

스위스에는 대학이 아홉 개 있다. 그 중 일곱은 종합대학이고 둘은 단과대학이다. 단과대학의 하나인 '취리히공과대학'만이 국립(연방)대학이고, 나머지 여넓 대학은 다 주립(칸톤)대학들이다. 대학이 아홉 개라면 우리 귀에는 많지 않게 들릴는지 모르지만, 인구 약 오백만의 작은 나라로서는 유럽의 다른 나라보다는 대학밀도가 훨씬 더 큰 셈이다. 종합대학 일곱 개 중 제네바·로잔·뇌샤텔·프리부르의 네 개 대학이 프랑스어 사용지역에 있는 반면, 바젤·베른·취리히의 세 개 대학이 독일어 사용지역에 있다는 사실은 인구분포 상황과는 반대현상이지만 그만큼 프랑스어지역의 문화적인 공헌을 표시한다고도 볼 수 있다. 그 밖에 독일어지방에는 생갈렌상과대학Hochschule St. Gallen für Wirtschafts und Sozialwissenschaften과 위에서 말한 국립 취리히공과대학이 있다.

통계에 의하면 1962-1963년에 있어서 이들 아홉 개 국립 및 주립대학에 등록된 학생 수는 도합 약 이만육천 명이며, 이 중 팔십이 퍼센트가 남자다. 취리히공대ETH와 취리히대학이 각각 사천오백 명 가까이 되고, 제네바대학은 약 사천 명, 로잔·바젤·베른이 각각 삼천 명 전후이고, 프리부르는 이천 명 미만, 생갈렌과 뇌샤텔은 천 명 미달이다.[10]

대학생들의 전공과목별 분류를 보면 다음 표와 같이 인문,

---

10. *Neue Zürcher Zeitung*, Swiss Review of World Affairs, December. 1964, pp.10-14.

스위스 대학생의 전공 (1962/63)

전공과목	학생 수 (명)
신학	800
법학	2,200
경제학, 사회과학	4,200
인문 I (어문, 역사)	5,000
인문, 사회과학 부문 합계	**12,200**
의학 (수의학 포함)	3,800
인문 II (수학, 자연과학)	3,800
공학, 농학	5,800
이공부문 합계	**13,400**
전체 합계	**25,600**

사회과학 부문보다 이공부문이 더 많음을 볼 수 있다.

스위스의 각 대학에서는 외국유학생이 다 합하여 팔천여 명이 있는데 이는 대학생 총 수의 삼십이 퍼센트나 되는 큰 비중의 수효다. 큰 대학 두 개가 외국학생을 위해서 있는 셈이 된다. 특히 제네바 대학의 경우는 외국학생이 오십오 퍼센트를 차지하여 그 국제적 성격을 잘 드러내는 한편 조그만 제네바 칸톤의 주립이란 점에서 주의 부담이 무거울 것도 짐작이 간다.

우리나라 유학생은 현재 다 합해서 스무 명 미만인데, 제네바에 일곱 명, 프리부르에 여섯 명, 바젤에 두 명, 취리히, 베른, 로잔에 각각 한두 명씩 산재해 있다.

이들 대학 중 제일 역사가 오랜 것은 바젤대학으로, 그 역사는 근세 초인 15세기로 올라간다. 15세기 중엽 십칠 년 동안 이 도시에서 개최되었던 로마교회 공의회의 기념으로 1460년 교황 피오 2세가 당대의 휴머니스트인 피콜로미니 Piccolomini를 시켜서 창설한 교육기관이었다. 이렇게 로마 가톨릭교회의 대학으로 발족한 이 대학이 16세기의 프로테스탄트 종교개혁 후부터는 개신교사상의 중심지가 되어, 오늘날에도 신학에 있어서 칼 바르트, 철학에 있어서 야스퍼스를 통하여 전 세계에 널리 알려져 있다. 16세기에 스위스를 휩쓴 종교개혁과 반反종교개혁은 또한 각각 하나씩의 유명한 국제적인 대학을 남겨 놓았다. 즉 프로테스탄트인 제네바대학과 가톨릭인 프리부르대학이 그것이다.

제네바Genève대학은 1559년에 종교개혁자 칼뱅이 세운 '아카데미'로 발족하여 수세기 동안 칼비니즘의 센터가 되어 왔다. 현재는 국제도시로서의 제네바의 성격에 맞게 여기에 부설된 대학원인 '국제문제연구원Institut Universitaire de Hautes Etudes Internationales de Genève'으로 유명하다. 한편 스위스의 유일한 가톨릭 대학인 프리부르Fribourg대학은 16세기 말의 로마교회의 자체 내부청신운동인 소위 반종교개혁의 일환으로 발족한 교육기관으로 1580년 교황 그레고리 13세의 명을 받들어 네덜란드의 예수회 신부 카니시우스Canisius에 의하여 창설된 역사를 가졌고 현재 국제 가톨릭 센터의 하나로서 우리나라의 유학생도 수 명이 거기서 연구하고 있다.

일곱 종합대학들은 유럽의 전통에 따라 신학·인문학·법학·의학의 네 과를 중심으로 구성되어 있다(프리부르와 뇌샤텔에는 의과대학이 없다. 로잔에는 공과대학, 제네바에는 농과대학이 추가된다).

스위스의 대학 중에서 가장 국내에서 일러 주고 또 국외에도 알려진 것은 취리히에 소재한 연방공과대학Eidgenoessische Technische Hochschule이다. 이 '에테하'(독일어 약자 ETH)는 단과대학이라곤 하지만 스위스의 대학생 총수의 사분의 일을 재적시키고 있고, 다음의 열두 개 학과로 구성되어 있다.

1. 건축공학
2. 토목공학
3a. 기계공학
3b. 전기공학
4. 화학
5. 약학
6. 임학
7. 농학
8. 농업토목 및 측지학
9. 수학
10. 자연과학(체육 포함)
11. 군사학
12. 일반 교육

얼핏 학과구성만 보아도 이 공과대학은 그 속에 농과대학·물리과대학·체육대학·육군대학의 요소를 가지고 있음을 짐작할 수 있다. 사실 이 대학은 공과와 자연과학 부문에 있어서만 아니라 인문, 사회과학 부면에 있어서도 가장 권위 있는 교수진과 연구소를 가지고 있는 품이 마치 미국의 메사추사츠공과대학MIT을 방불케 한다. 학생 수가 사천오백 명인데 그 중에서 사분의 일을 외국학생이 차지한다. 그래서 에테하 졸업생들은 전 세계에 퍼져서 건축사·기사·과학자로서 이름을 내고 있다. 작년 뉴욕 허드슨강 위에 새로 놓은 미국에서 제일 긴 다리Verrazano-Narrows Bridge를 설계한 기사가 아만 Dr. O.H. Amman이라는 에테하 출신의 엔지니어라고 스위스 사람들 사이에 큰 자랑거리가 되어 있다. 명함과 사무실 간판에 쓰는 타이틀에도 꼭 에테하라는 관사를 붙이는 것을 잊지 않는 이 엔지니어들은, 비단 다리를 놓고 발전소를 세우고 공장을 경영할 뿐만 아니라 정부도 맡아 운영 한다. 현재 스위스 연방정부의 외무장관과 재무장관은 정치학이나 경제학을 배운 이들이 아니라 이 공과대학에서 각각 농학과 토목공학을 전공한 사람들이다. 과연 공과대학만이 국립인 나라의 모습을 드러내고도 남음이 있다.

9. 직업교육으로 중산층을 이룩

유일한 국립의 공과대학을 비롯한 대학들과 그 준비기관인
고등학교가 스위스 교육제도의 질적 면을 대표한다고 한다
면 그 양적 면을 대표하는 것은 직업학교Gewerbeschule, Apprentice
School를 중심으로 하는 광범한 직업교육Berufsbildung의 제도다.
스위스 사회가 직업교육을 얼마나 중요시하느냐 하는 사실
은 민간기업과 지방자치가 극도로 발달하여 정부, 특히 연방
정부의 권한과 개입을 가급적 회피하는 이 나라가 '직업교육
에 관한 연방법률'[11]을 제정하여 실시하고 있다는 것으로도
알 수 있다. 동 법률에 의하면 직업교육의 목적은 도제Lehrling
들에게 자기 직업의 종사에 필요한 기능과 지식을 습득시킬
뿐만 아니라 그들의 교육을 증진하는 데 있다(7조). 이 목적

---

11. Bundesgesetz über die Berufsbildung, 1963. 9. 20. 제정

을 달성하기 위한 첫 걸음으로 연방정부의 공공경제성(공업·기술·노동국)은 사회에 실재하는 각 직종마다 "직업의 표시·교육기간·훈련 직장의 구비 조건·한 직장이 동시에 훈련시킬 수 있는 도제의 최고인원·훈련계획" 등을 규정하는 교육요강을 발행한다(11조).

직업교육을 위한 학교로는 ㉮ 소위 직업학교Berufschule (또는 Gewerbeschule), ㉯ 작업교육장Lehrwerkstätte, ㉰ 상업학교 Handelsmittelschule의 세 가지가 있는데, 그 중에 제일 대표적인 직업학교를 중심으로 교육방식을 살펴보기로 하자.

'직업학교'에는 도제徒弟, Lehrling·마이스터Lehrmeister·학교의 세 가지 요소가 있다. 그 중 가장 핵심이 되는 것이 마이스터이다. 마이스터는 목공·벽공壁工·칠공漆工·표구사·미용·재단·공예·제도·전기공·기계공·세공 등 자기의 직종에 대하여 연방시험에 합격하고 칸톤이 발행하는 면허가 있는 완성된 기술자로서 일정한 직장을 가진 사람이다. 여기에 열다섯 내지 열여섯 살의 도제가 등장한다. 이 도제는 팔구 년 간의 초등교육 또는 초등 중등 혼합교육을 받은 소년 소녀이다. 도제와 마이스터 사이에는 일 년 내지 사 년의 도제 계약이 맺어진다. 계약에 따라 도제는 마이스터 밑에서 일을 배우고 또 돕는다. 삯전도 받는다. 베른의 경우 첫 두 해는 매시간 일 프랑 오십(삼십오 미국 센트)을 받고, 삼년차에는 삼 프랑을 받는다 한다. 그런데 중요한 것은 그 계약의 내용에는 매주 하루씩(여덟 시간) 직업학교에 다니는 조항이 포함된다. 마이스터는 도제가 학교에 나가는 시간에 대하여는 다른 때와 같은 보수를 줄 의무가 있다. 일주일에 하루씩 학교에 나와서 배우는 내용의 절반은 국어(주로 제이 국어 프랑스어), 산수(계산 중심), 공민 등이고 나머지 절반은 자기 기술에 관한 이론과 실습이다. 교사들도 같은 기술의 마이스터들이다. 한 학교 내에 미용원 같은 시설을 한 교실도 있고 벽돌을 쌓는 창고 같은 교실도 있고 목공소, 기계공작소 같은 교실도 있다. 교육 범위를 눈에 보이게 이해하기 위해서 참고로 표준적인 직업학교의 내용을 베른 시립 직업학교의 예에서 소개하면 아래와 같다. 베른의 시립 직업학교에는 다음의 다섯 부가 있다.

I. 기계·전기부, II. 토목·건축·목공부, III. 제도부, IV. 공예부, V. 식품·의류 서비스부

이상 다섯 부 밑에 다음의 마흔 개 과가 있고 그 외에 상업용어, 부기 등의 공통과목이 있다.[12]

I. 기계·전기부	1. 기계공
	2. 자동차 엔진 수리공
	3. 자동차 차체 수리공
	4. 자전거, 오토바이 수리공
	5. 전기공
	6. 전기 기구공
	7. 라디오 수리공
II. 토목·건축·목공부	8. 벽공
	9. 칠공

---

12. Gewerbeschule der Stadt Bern, *Bericht über das Schuljahr*, 1963~1964.

II. 토목·건축·목공부	10. 수도, 가스
	11. 난방
	12. 굴뚝
	13. 목수
	14. 가구
	15. 건축, 철물
III. 제도부	16. 건축도안사
	17. 토목도안사
	18. 사진
	19. 제본
	20. 인쇄
	21. 석판, 화학 인쇄
IV. 공예부	22. 공예사
	23. 수예사
	24. 쇼윈도 장식
	25. 금은 세공
	26. 염공
	27. 주물
	28. 마구(馬具)
	29. 광학기구
	30. 기공사(치과)
	31. 실험실 조수
V. 식품·의류 서비스부	32. 제빵
	33. 제과
	34. 도수사
	35. 쿡 웨이터
	36. 재단사
	37. 제화
	38. 미용사
	39. 정원사
	40. 화원사

이상에 열거된 기술도 다시 세분되는데 특히 기계공은 다음과 같은 기술 들을 포함한다. 주철공·주강공·선반공·기계도안사·정밀 기계공·전기 기계공·전선공·연장 제작공·의료 기구 제작공·관악기 제작공·완구 제작공·타자기 수리공.

또 공예사에는 다음과 같은 특기 종류들이 들어 있다. 틀 제작공·틀 도장공·유리 도장공·도자기 도장공·인공유리공·석공·조각공·모델 제작공·모형 인쇄공·섬유 도안공.

실로 한 사회의 밑받침을 이루는 많은 종류의 기술과 직업이 귀하고 천함의 구별 없이 교육과목이 되어 있는가 놀라지 않을 수 없다. 우리나라의 묵은 관념으로는 도저히 교육의 내용으로 생각 못하는 과목들을 스위스 사람들은 가르치고 배우지 않는가. 남들은 모두 같은 사회적 가치의 범주에 넣고 있는 직종들을 가지고 우리는 어떤 것은 '사' 아니면 '원'으로, 또 다른 것은 '공' 아니면 '쟁이'라고 부르는 사농공상士農工商의 폐습을 빨리 없애야 하겠다는 것을 절실히 느낀다.

베른 시립 직업학교에는 학생이 육천오백 명이 있다. 매주 하루만 학교에 오면 되니까 대량생산을 할 수 있고, 또 마이스터의 일터에서 돈을 받으면서 일을 배우니까 학교 운영비도 적게 든다. 운영비는 시에서 사십 퍼센트, 칸톤에서 삼십 퍼센트, 연방정부에서 삼십 퍼센트씩 분담한다. 학생 한 명당 연간 운영비는 삼백 스위스프랑(약 칠십 달러) 정도다.

수학 연한은 평균 삼 년인데, 웨이터는 이 년, 제도사는 삼 년 반, 전기공은 사 년으로, 직종에 따라 신축성 있게 하고 있다.

베른 시립 직업학교의 벽공교실

위와 같이 삼 년간 매주 한 번씩 학교에 오는 제도에 대한 변형이 있다. 그것은 기계부문처럼 여러 동업체가 있는 조합에서 도제들을 모아서 첫 해에는 다섯 주간 매일 학교에 와서 집중적인 교육을 받고, 이 년차, 삼 년차에는 매년 두 주씩 같은 식으로 학교에서 교육받는 일이다. 위의 두 가지 교육방식에 공통적으로 주목할 점은 기술습득을 한 번에 시키지 않고 삼 년간의 시간을 들여 장기에 걸쳐 반복해서 숙련을 얻게 하는 점과, 또 팔구 년간의 의무교육을 마치고 일단 학교를 나갔던 소년 소녀들에게 일 주일에 한 번씩 아니면 일 년에 몇 주간 학교에 다시 가게 하므로 일에 대한 권태를 면하게 하면서 계속하여 학교에 다니는 습관을 유지시켜 준다는 국민 교육적 효과도 간과해서는 안 되겠다.

직업교육 기관의 둘째 형태인 작업교육장Lehrwerkstätten도 역시 시립이고, 교육 방식도 위의 직업학교와 마찬가지인데, 다만 마이스터가 학교 밖에 있는 것이 아니라 학교 속에 들어 있다는 점에서 운영방식만 다를 뿐이다. 학교 자체가 완비된 작업장이 되어 있어 그 속에서 매주 오 일은 마이스터 밑에서 일하고 하루는 학과 공부를 한다. 이런 교육기관은 공적인 경비가 '직업학교'보다 훨씬 더 많이 들 것은 물론이다. 학생 한 명당 연간 이천 스위스프랑(약 사백칠십 달러)이 든다고 하는데 이것은 직업학교의 근 일곱 배나 되는 비싼 학교다.

소수의 일정한 재학생을 가지고 막대한 작업시설을 갖추어야 하기 때문이다. 전문가는 유럽의 다른 나라 제도와 비교할 때 직업학교가 독일식이고 '작업교육장'이 프랑스식이라고 하면서 만약 우리나라가 직업 교육기관을 세우려면 처음에는 작업교육장에서 출발하여 지도 요원들을 양성한 후 차차 직업학교로 번져나가는 것이 좋을 것이라는 조언을 하는 것이었다.[13]

직업교육기관의 셋째 형태인 상업학교는 손으로 일하는 직업이 아니라 사무실에서 근무하는 남녀 사무원의 양성을 하는 기관이다. 여기에서도 역시 교육방식은 상사나 회사에서 일을 배우는 한편 파트 타임으로 학교에 나가서 어학(제이국어)·부기·공민 등의 일반 과목과 타자·속기·상업통신 등의 실업과목을 배우는 것이다.

이상의 일 년 내지 사 년의 직업교육과정이 끝나면 도제Lehrling는 칸톤상공국이 관계기술협회의 참여 하에 시행하는 훈련수료시험Lehrabschlusspruefung에 응시하여, 이에 합격하면 칸톤이 발행하는 기능증명Fähigkeitszeugnis을 받게 된다. 이것으로 열일곱에서 열아홉 살의 도제들은 숙련공Gelernte Berufangehörige으로서 하나의 떳떳한 직업인이 된다. 숙련공이 된 뒤에도 계속해서 자기 직종의 기술을 연마하고 더 높은 자격을 얻는 길이 널리 열려 있다. 하나는 직장 경험에 보습 교육을 거쳐서 시험을 통하는 길이요, 또 하나는 전문학교에 들어가는 길이다.

시험에는 기술시험과 고등기술시험, 마이스터시험이 있는

---

13. Abteilungsvorsteher Werner Hügi , Gewerbeschule der Stadt Bern의 조언

데 둘 다 연방정부의 감독 하에 관계기술협회가 시행하는 것으로, 합격하면 전자는 상위기술공이 될 수 있는 기술증명 Fachausweis을 받고 후자는 고등기술증명 Diplom을 받는다. 이 두 가지 증명에는 시험위원장과 연방정부 상공·기술·노동국장이 연서連署하고 그들의 명단은 관보에 보도하고 직종별 등록부에 등록된다.

스위스의 공업중심지의 수 개의 칸톤에는 공업전문학교 Höhere Technische Lehranstalten, 약칭 HTL 또는 Technikum가 있다. 이는 공과대학 Technische Hochschule 보다 낮은 수준의 교육기관으로 직업학교나 작업교육장을 마친 숙련공들에게 진학의 기회를 주는 기관이다. 연방정부가 인가한 공업전문학교의 졸업시험에 합격한 자는 대학졸업자의 공학사나 건축학사와 구별하여 Ingenieur-Techiker HTL 또는 Architekt-Techniker HTL라는 학위를 받고 기술공과 기사의 중간의 위치를 차지하게 된다.

우리는 여기에 하나의 기술사회를 이룩하는 데 얼마나 많은 요소가 구비되어야 하느냐에 대하여 많은 것을 배우게 된다. 연방헌법에 규정된 의무교육에 관해서도 그 연한과 교과 내용을 각 칸톤의 주권에 돌리고 있는 스위스가, 유독 직업교육에 있어서만 연방정부가 교육요강과 시험기준의 설정, 마이스터 시험의 운영, 직업학교와 작업교육장의 교사진의 확보, 재정보조 등 여러 면으로 직접 관여하는 제도를 채택하고 있다는 사실은 주의할 가치가 있다. 우리가 특히 이 제도에서 주목할 점은, 스위스 사람들은 직업기술교육에 관한 사무를

학교를 관장하는 관청에 맡기지 않고 공업을 담당하는 부서에서 다루고 있다는 점이다. 즉 명목보다는 사실을, 체계보다는 기능을 너 존중하는 제도임을 볼 수 있다. 어찌 배우는 곳은 오직 교실이라야만 하고 가르치는 사람은 꼭 선비라야만 되겠는가 한번 생각해 볼 만한 점이다.

스위스 스무 살 장정의 직업별 분류(1962년)

고졸 이상의 학생, 교사, 사원	11.1%
상업학교 출신의 사원, 점원, 서기	12.9%
직업학교 출신의 숙련공, 기술공, 기술자	57.0%
농업(농업학교, 낙농학교 출신)	8.0%
직업교육을 받지 않은 초·중등 졸업생	11.0%

1962년도 스위스연방 국방성 업무보고서에서(NZZ 1963.4.16., No. 1491호)

위의 표에서 보듯이 스무 살 장정의 오십칠 퍼센트가 숙련공·기공·기술자의 카테고리에 속한다는 것은 스위스 사회가 얼마나 중견기술자를 중심으로 하는 중산계급의 건전한 사회이며 거기에 독특한 직업교육제도가 얼마나 공헌이 큰가를 보여 주고 있다. 직업학교와 같은 방식으로 한편 일하면서 한편 학교에 다니는 상업학교와 농업학교 출신을 포함하면 칠십팔 퍼센트라는 높은 비율의 청소년들이 공·상·농의 실업교육을 받는다는 것은 사회가 얼마나 기술 중심의 사회인가 엿볼 수 있다.[14]

스위스 인구의 직업별 분류

위의 그래프에서 보듯이 현재 스위스인구의 오십일 퍼센트가 공업과 기술직업artisan에 종사하고 있고, 서비스업까지 합하면 구십 퍼센트의 활동인구가 공업화된 부문에 종사하고 있다. 스위스의 사회는 기공mechanics과 쟁이artisans의 초석 위에 세워진 사회임을 엿볼 수 있다. 이런 기술을 가진 중산층이야말로 굳건한 민주주의의 토대가 아니겠는가? 이런 중산층을 스위스는 직업교육을 통해서 이룩한 것이다.

이렇게 교육제도는 산업경제의 발전은 물론 정치의 안정, 국방의 힘에까지 그 기초가 된다.

그러면 그런 교육제도를 낳은 사회문화적인 배경은 여하한가.

---

14. Union de Banques Suisses: *L'Evolution Economique de la Suisse*, 1939-1964, p. 9.

10. 모든 지식인이 사회참여

산속에 있는 작은 나라에 사는 사람들에게는 두 가지 다른 각도의 느낌이 나기 마련이다. 한 가지는 나날이 그 속에서 살며 보는 언덕과 골짜기와 목장과 소와 말과 감자밭을 자기의 몸의 연장처럼 느끼면서 사는 것이요, 또 하나는 어떻게 하면 이 좁은 산골을 뚫고 나가 넓고 넓은 대처에서 자유로이 호흡하면서 살아 보느냐 하는 생각이다.

이 두 가지 생각 즉 강렬한 향토애와 편력증遍歷症은 서로 반대되는 것이지만 그 뿌리는 한 군데 있다. 즉 땅의 좁음에서 근원한다. 이 두 가지 정신상태야말로 스위스 사람들의 국민감정을 이루고 있고, 또 위에 여러 토막에서 본 바와 같은 경제, 정치, 문화, 군사 모든 부면의 스위스적인 생활양식을 만들어 주고 있다. 세계를 상대로 하는 경제생활의 토대에는 저 편력증遍歷症을 단순한 도피나 유랑에 그치지 않게 하고 항상 산 속에 있는 본향을 근거지로 생각하고 활동하고, 마침내는 그 곳으로 돌아오게 하는 구심력이 필요하다. 이것이 곧 향토애의 우세이고 편력증은 마침내 향토애에 의하여 그 궤도를 찾게 되고 목표를 찾게 된다.

우리는 이 두 줄기의 감정이 표현된 표본으로 19세기와 20세기의 스위스의 대표적인 작가 각 한 사람씩을 골라 스위스 사람들의 에토스Ethos를 이해해 보고자 한다. 즉 향토소설작가 예레미아스 고트헬프Jeremiahs Gotthelf와 희곡작가·소설가인 막스 프리쉬Max Frisch를 들어 보자.

고트헬프는 19세기 중엽에 베른 칸톤의 유명한 목축지대 에멘탈Emmental의 목사로서 수많은 설교풍과 향토색이 짙은 소설을 썼다. 그의 작품에는 스위스 사람들만 알아보는 스위스 사투리의 독일어가 많이 섞여 있지만 독일에서도 널리 읽혔다. 대표작인 〈머슴 울리Uli der Knecht〉와 〈아네베비 요베거 Anne-Baebi Jowaeger〉의 두 자매소설은 스위스의 중학생들도 읽는 국민독본들이다(우리의 〈흙〉이나 〈상록수〉와 같이). 라디오 드라마로도 가장 인기를 끄는 작품들이다.

고트헬프의 소재는 다 치즈로 이름난 에멘탈 골짜기에서 사는 농부들 아낙네들의 생활과 그들의 아들딸들의 자라남을 묘사한 것인데, 주인공들의 인격의 자라나는 과정을 두드러지게 묘사한 것이 특색이다. 이 점이 크게 어필되어 비록 오늘날 스위스는 대부분 도시화되었는데도 불구하고, 저들은 자기들의 소도시 주변에 있는 향토생활을 묘사한 이 소설

베른 알프스 산기슭에 있는 농업지대, 에멘탈

들을 즐겨 읽는다.

고트헬프가 1848년에 쓴 〈머슴 울리〉는 '어떻게 하여 머슴 울리는 행복하게 되었는가'라는 본제목이 시사하듯 부모 없이 자라난 스무 살 먹은 울리가 요하네스라는 주인의 농가에서 머슴살이를 하며, 처음에는 일에 불평이 많고 품팔이 삯전은 일요일 오후마다 주막집에 가서 술과 노름에 다 써 버려 빚만 늘어가는 머슴아이였었는데, 하룻밤 주인 요하네스와 외양간에서 송아지 낳는 것을 기다리면서 착한 주인에게 동네 목사의 말을 전해 듣고 머슴살이를 하더라도 충직한 버릇을 속으로 키우면 자연히 좋은 이름이 밖으로 퍼져 남의 믿음을 받게 되고, 또 허튼 노름에 빠지지 말고 돈을 잘 아껴 두면 장차 자기의 재산이 생겨 좋은 평판과 더불어 떳떳한 사람이 될 수 있다는 말에 감동을 받은 다음부터, 그 말대로 충직하고 돈을 아낄 줄 아는 머슴이 되고 마침내 사람들의 믿음과 사랑을 받게 되어 서른 살이 되어서는 처음 주인 요하네스의 아버지 요겔리 큰집의 막내딸 브레넬리Vreneli와 결혼하여 완전한 한 주인이 된다는 소박한 줄거리의 교훈조의 얘기다. 그러나 이 줄거리를 둘러싸고 머슴을 키워 주는 착한 주인, 머슴방에도 난로를 놔주는 아주머니의 온정, 충실해지는 울리의 눈에 들려고 서로 승강이를 하는 두 하녀들의 질투, 큰집의 상머슴으로 옮긴 뒤 일요일 오후면 따뜻한 안방에 들어오게 하는 마나님, 이것을 이상한 눈초리로 보는 노주인, 상머

습과 다른 머슴들 간의 알력, 철없는 작은 딸과 깍쟁이 둘째 딸 사이의 울리를 둘러싼 질투와 같은 인간의 희로애락과 긴 겨울이 닥쳐오기 전에 추수를 끝내야 하는 농부들의 초조감, 겨울의 눈보라 길에서 마차와 헤매는 자연과 싸우는 인간들의 모습이 부각되어 있어 매우 재미있는 읽을거리이다. 외양간 냄새가 몹시 풍기는 향토소설이다. 이런 자연과 인간사회 속에서 자라나는 젊은 머슴아이가 한 인격으로 성장하는 일이 큰 사건으로 취급되어 있다.

울리가 충직하게 일하고 공일날에도 주막집에 가서 노름을 안 하고 한 해의 품삯을 동네의 저축계에 맡긴 다음부터의 안팎의 변화를 그린 다음 대목은 개인과 사회의 성장에 대하여 많은 시사를 준다.

울리는 그렇게 했다. 늘 돈을 아끼고 더 더욱 신이 나고 부지런해져서 지혜와 궁리도 늘고, 하나님과 사람들 앞에 은혜도 더했다. 그 애의 외모에도 달라진 것이 두드러지게 나타났다. 정말 이때부터 비로소 머리를 쳐들고 어른처럼 걸어다녔다. 멀리서 보아도 벌써 그저 떡쇠처럼 보이지는 않았다. 머슴이 아니라 농갓집 아들인 줄 알아보는 사람들이 퍽 많았다. 단지 옷 입은 모양이 근사하고 은색의 시계줄을 달았기 때문만이 아니라, 그 애의 몸가짐이 의젓하고 행실이 그럴듯했기 때문이었다. 동네 어른들도 즐겨 "울리, 네 의견을 좀 들어보자."고 말을 붙이는 것이었다. 그러면 울리의 말도 의미를 가지게 되었다.……울리 자신도 느끼는 것이 달라졌다. 따라지신세가 아니고, 임자가 되면 땅을 디디는 걸음걸이조차 달라지고, 세상을 보는 눈도 달라짐을 느꼈다. 사람이 세상에 한 몫 끼게 되면, 다시 말하자면 자기의 힘과 일의 열매를 저축하고 일에 대한 저축을 마련해 놓으면 스스로 일종의 조용한 안심이 생기고, 사람들 앞에서 나도 모르는 자랑을 느끼게 되는 것을 알게 되었다. 그 애는 이제부터는 남의 멋대로 바람이 부는 데 휩쓸리지 않고, 제 발 위에 서서 스스로의 주인임을 느꼈다.(머슴 울리 제9장에서)

이 얼마나 사유재산을 갖기 시작하는 서민—장래의 중산층—의 심리를 잘 묘사했고 자본주의적 윤리의 발생과정에 대하여 생생한 시사를 주는지! 이 속에 근면과 저축의 프로테스탄트 윤리가 있고 신용과 식산殖産의 토대가 있는 것 같다. 용병의 삯전으로 근대공업을 이룩한 스위스의 사회사가 숨어 있는 듯이 느낀다. 뜻은 논어나 성서와 마찬가진데 대중이 알아듣기에 더 쉽고 가깝고 또 계몽적이다. 족히 국민독본이 될 만하다. 이런 독본의 순수문학적 가치를 의심해도 좋다. 중요한 것은 한 국민이 백 년 이상 똑같은 책을 변함없이 읽어 내려오고, 그 속의 인간상들이 일상생활의 대화의 표본이 된다는 것은 혼성민족의 국가를 유지해 나가는 데 얼마나 기여하는 바가 많은가 생각해 볼 만한 일이다.

인간은 작은 것을 사랑하지만 또 큰 것을 동경한다. 대부분의 스위스 시인들이 알프스를 예찬하고, 소설가들이 언덕 위의 교회들과 오양간 달린 농가와 그 속에 소박한 남녀들을 그리는 동안, 한편 국제적으로 명성을 떨친 스위스 출신 사상가나 작가들은 거의가 다 이 좁은 골짜기를 뛰쳐나가 넓은 곳으로 큰 것을 찾아가려는 행동을 하고 또 그런 심적 태도를 그려 마지않는다. 일찍이 18세기에 제네바에서 출생한 루소가 혁명사상 때문에 그곳을 도망하여 프랑스에 넘어가 프랑스혁명의 선각자 역할을 하였고, 또 취리히 출신이며 '인류의 초등교사'라고도 불리는 교육가 페스탈로치가 그 개혁사상을 가지고 영국 사회주의의 선도자가 되었음은 좋은 예들이다.

오늘날 1960년대에 있어서 스위스인으로 가장 유명한 작가는 취리히의 극작가이며 소설가인 막스 프리쉬Max Frisch일 것이다. 작년(1964년) 가을 발간된 그의 소설〈나를 간텐바인이라고 하자Mein Name sei Gantenbein〉는 작년도 독일에 있어서의 으뜸가는 베스트셀러였다. 스위스인으로서의 그의 작가적 태도는 한마디로 말해서 반항이라고 평들 한다. 그의 이러한 반항정신을 가장 잘 나타낸 작품이 희곡〈외덜란트 백작Graf Öderland〉과〈안도라Andorra〉가 있다.

〈외덜란트 백작〉은 어떤 검사의 자기 아내와의 대화에서 시작된다.

아내 : 여보 이젠 새벽 두 시가 되었소.
검사 : 알아, 이제 여덟 시간만 지나면 나는 법정에 나가 구형을 해야 된단 말이야. 시꺼먼 옷을 입고 무섭게 말이야. 피고석에는 그 사나이가, 나는 그 친구를 차차 더 알아 간단

말이야. 좀 있으면 아마 나 자신보다 그 친구를 더 잘 알 것
같아. 그 친구는 아무 말도 못 해내지만 말이야. 서른일곱
살의 은행원 말이야. 정직하고 평생 양심적이고 얼굴은 창
백하고 그런데 이 친구가 어떤 달 밝은 밤에 도끼를 쥐고
은행 수위를 내리쳤단 말이야. 왜 그랬을까?
(검사는 책상 위에 놓인 피고의 사진을 들여다 보면서 자
문자답을 계속한다.)
　검사 : 십사 년 동안을 창구에서 돈만 세고, 매달 매달, 매주
매주, 매일 매일…. 우리나 다 마찬가지로 자기의 의무를
다하는 사람. 이 친구를 들여다봐요. 죄 없는 인간, 증인들
의 말도 다 그렇다는 말이야. 조용하고 하숙비도 잘 내고,
새들을 좋아하고, 산보를 좋아하고, 정치를 모르고, 젊은
이들과 잘 어울리고, 취미란 버섯채집 밖에는 없고, 교만하
지 않고, 수줍고, 부지런하고, 과연 모범적인 행원이지.
(사진을 놓으면서)
모든 사람이 도끼를 잡지 않는 것이 이상하게 생각되는 순
간이 가끔 있단 말이야. 세상인즉 실은 도깨비장난인데도
다들 그런대로 만족하고 살고 있거든. 노동이 미덕이라고,
미덕은 기쁨의 대용품 구실을 하지. 그리고 미덕으로도 흡
족하지 못하니 또 다른 대용품은 오락이지. 가령 퇴근 후
의 시간, 주말의 놀이, 또는 영화 스크린의 모험극들…….
(이내 하품한다.)

　이 주인공의 독백 속에 오늘날 스위스 시민사회의 내면상
이 잘 그려져 있고, 그 좁고 빈틈없이 잘 짜인 질서에 대하여

스위스 알프스, 융프라우 삼봉

도끼로써 대항하려는 작가정신이 발현되었다고 볼 수 있다. 얼마 뒤에 책상 위에 쓰러져 자는 주인공 검사는 꿈 속에서 다음과 같은 말을 꿈 속의 산골 처녀에게 한다.

일찍이 나는 선장이었지. 정말 저 밖에 큰 바다에서. 나의 배엔 돛대가 셋이나 있고 뱃머리에는 귀족의 모자같이 뾰족한 주둥이가 서 있고. 우리는 오대양을 다 돌아다녔지. 종으로 횡으로. 목적지도 없이. 기한도 없이. 우리는 생선을 먹고 살았지. 물고기는 얼마든지 있었으니까. 또 바닷가의 과일도 따 먹었지. 때로는 사냥하러도 갔지. 사냥해서는 또 배 타고 나가고……

산골사람들의 넓은 천지에 대한 동경을 잘 그려낸 꿈이라고 할 수 있겠다. 이렇게 바깥세상을 그리는 꿈을 꾸다가도 언제나 알프스 속으로 돌아오는 것이 역시 스위스의 혼인 것 같다. 또 대체로 그것으로 만족하는 것 같다. 미국의 갤럽 Gallop 여론조사에 의하면, 스위스 사람들은 오늘날 세계에서 가장 스스로 만족하고 있는 국민이라 한다. 갤럽이 "대체적으로 보아 당신은 오늘날 세계에서의 당신의 나라의 위치에 대하여 만족입니까, 아니면 불만족입니까?"라는 질문을 가지고 1963년 말 미국과 유럽의 여섯 개 나라에서 여론조사를 한 결과 다음과 같은 결과를 얻었다 한다.[15]

---

15. 『뉴욕 헤럴드 트리뷴』(국제판) 1963. 10. 22 p.10.

여론조사

국가	만족	불만족
스위스	89%	11%
서독	86%	14%
덴마크	85%	15%
노르웨이	81%	19%
프랑스	68%	32%
미국	49%	51%
영국	42%	58%

　사실 한 나라 안에 네 가지 언어와 민족이 같이 살아나가는 데는 문화적인 분립에서 오는 의식의 분열을 막으려는 그들의 꾸준한 노력이 숨어 있다. 아마도 오늘날 세계에 있어서 국가운영에 관하여 지식인들의 참여가 스위스처럼 적극적이고 전면적 나라는 드물 것 같다. 앞에서 말한 바와 같이 정치를 부업으로 한다는 것도 이 지식인들의 전면적인 사회참여와 관련이 있는 일이다. 대학교수, 언론인, 변호사, 목사, 의사가 직업적인 정객政客 이상으로 나라 일에 직접 나서니까 직업적인 정객 군群이 생기지 않는 것이다.

　다른 나라에서와 마찬가지로 지식인들의 국가운명 타개를 위한 최대의 공헌은 국가와 민족이 위기에 처했을 때에 발휘된다. 가장 좋은 사례로 지금으로부터 오십 년 전 1914년 일차세계대전이 일어났을 때 국민단합의 계기를 만든 시인 카를 슈피텔러Carl Spitteler를 들 수 있다. 그때의 스위스 내외의 정세를 더듬어 보면, 카이저의 독일 군대가 영세중립을 선언

했던 벨기에에 침범하고, 다시 프랑스에 쳐들어가자 제네바를 중심으로 하는 프랑스어지역 스위스에서는 독일제국에 대한 증오심이 비등하고 있었다. 한편 취리히를 중심으로 하는 독일어지역 스위스에서는 원래 오랫동안 독일문화에 심취해 오던 터인지라 독일군대의 전진을 막는 영세중립국 벨기에를 오히려 나무라는 여론이 널리 퍼져 있었다. 이에 대하여 프랑스어 지역 일반여론의 반발은 격렬하여, 마침내 국가분열의 전야에 처한 위기를 자아내었다. 이러한 아슬아슬한 판국에 루체른의 시인 슈피텔러가 신스위스협회Neue Helvetische Gesellschaft—스위스의 학자, 문화인, 실업인實業人, 관리, 군인 등 사회유력유지로 형성된 애국단체—의 취리히 분회의 초청으로 1914년 12월 14일에 행한 〈우리 스위스의 입장Unser Schweizer Standpunkt〉이라는 역사적인 연설이 분열된 국민감정을 융합하는 데 결정적인 계기가 되었다고 하여, 오늘날까지 계속하여 일반적인 논의의 제목이 되어 있는 것이다. 슈피텔러는 이미 전全 독일문화권에 널리 독자층을 가지고 있던 국제적인 시인으로 자기의 발언내용이 독일에서의 문인적 성가聲價에 직접적인 영향을 미칠 것을 지실知悉하면서 다음과 같은 용감한 발언을 했다.

먼저 우리는 우리가 원하는 것이 무엇인가 확실히 하자. 외국에 대하여 정치동일성을 표명하는 하나의 스위스 국가로 남기를 원하는지 원하지 않는지?……만약, 그렇다면 국경이 또한 정치적 감정의 경계선도 의미한다는 사실을 알아야 한다. 국경 저편에 사는 사람들은 우리의 이웃이고, 이편에 사는 사람들은 이웃보다 더한 형제들이다. 이웃과 형제의 차이는 매우 크다. 아무리 좋은 이웃이라도 경우에 따라서는 대포로 우리를 쏠 수 있지만, 형제는 우리 편에서 싸워 준다.……아니 우리는 정치적 형제가 최선의 이웃이나 종족보다 더 가깝다는 것을 의식하여야 한다. 이 의식을 강화하는 것이 우리의 애국적 의무다. 결코 쉬운 의무가 아니다. 우리는 한 가지가 아니지만 하나로 느껴야겠다. 우리에게는 같은 혈통도 같은 언어도, 또 대립을 중재해 줄 왕가도 심지어 진짜 수도도 없다. 이 모든 것이 바로 말하면 정치적인 약점들이다. 그래서 지금 우리는 이 약점을 극복할 만한 공통의 상징을 찾고 있다. 이 상징을 다행히도 우리는 가지고 있다. 그것은 다름 아니라 연방 국기이다. 그것을 같이 쳐다보고 원심적이 아니라 구심적으로 느끼자……[16]

이 연설에서 특기할 만한 것은, 국가위기를 극복하는 데 있어서 대내적으로는 강자의 약자에 대한, 다수의 소수에 대한 아량과 이해의 원리, 대외적으로는 자주의식의 사대주의에 대한 승리를 들 수 있겠고, 또 국난에 처했을 때 평소에 사회적 존경을 받는 비정치인인 한 문화인의 사회참여의 위력을 찾아볼 수 있다. 슈피텔러는 1919년 노벨문학상을 받았다. 이

---

16. *In Unser Schweizer Standpunkt*, 1914, 1939, 1964, H. W. Kopp편, Bern, 1964. p.15.

런 문화인이야말로 지금 우리나라에서도 대망되고 있는 유형일는지 모르겠다.

시인은 현실을 직시하고 그것을 판단하는 데는 칼이요, 시대의 발언자로서 필연적인 위치에 섰을 때는 예언자도 될 수 있으며, 국가나 국민의 비운이 막다른 골목에 이를 때 시인은 국가나 국민을 위하여 전사도 되고 챔피언이 될 수도 있는 것이다.[17]

여하간 이 애국연설은 1914년 일차세계대전 때문만 아니라 그로부터 스물다섯 해 뒤인 이차세계대전 때에도 다시 혼성민족국가의 정신적 단합을 유지하는 데 큰 역할을 하였다고 하며, 다시 스물다섯 해가 지난 1964년 로잔에서 개최된 국민박람회에서도 지도이념으로 상기되는 것을 볼 수 있었다.

---

17. 황금찬, 「시인대망론」, 『동아일보』, 1965. 2. 11. 5면.

제3부
스위스의 영세중립

11. 스위스 중립의 역사적 배경 1
패전으로 물러남

작은 나라 스위스가 세계에 널리 알려진 가장 중요한 이유는 그 영세중립에 있다. 그러나 스위스의 영세중립은 하루아침에 이루어진 것이 아니다. 삼백 년의 준비기간과 백오십 년의 시련을 겪어 오늘날에 이르렀다.

이 나라의 영세중립은 지금으로부터 백오십 년 전 즉 1815년 '비엔나회의'에서 유럽 열강 간에 결정되고, 같은 해 1815년 11월 20일의 파리 조약에서 확인되었다. 이십오 년간 온 유럽을 휩쓴 나폴레옹 전쟁의 뒷수습을 위해 비엔나에 모인 유럽 열강들이 작은 나라로 역시 나폴레옹의 침략을 받았던 스위스연맹에 대하여 벌써 오랫동안 계속된 프랑스와 독일, 오스트리아 사이에 완충지대를 설치하기 위하여 스위스를 영세중립국으로 인정해 주고, 이렇게 하는 것이 유럽 전체의 평화를 위하여 도움이 된다는 것을 공동 선언하였던 것이다.

스위스의 중립과 불가침성 및 모든 외국의 영향으로부터의
독립은 유럽 전체에 해당되는 정책의 진정한 이익과 일치한다.

다행히도 스위스는 그 후 1870~71년의 프로이센-프랑스
전쟁, 1914~19년의 제일차 세계대전과 1939~45년의 제이차
세계대전 등 세 차례에 걸친 유럽 전쟁 속에서도 국토가 전화
속에 말려 들어가는 것을 면함으로써 위의 조약문이 사문화
하지 않는 것을 보았다.

그러나 19세기 초에 설정된 스위스의 중립을 이해하자면
적어도 스위스의 역사를 삼백 년 소급해 올라가야 하며 특히
16세기에 일어난 두 가지 큰 사건이 그 배경을 이루고 있다.
그것은 출정의 실패와 종교개혁이었다.

16세기 초까지 뤼틀리 결맹 이래 이백여 년간 스위스연맹
은 열세 개의 칸톤으로 구성되어 있었다. 처음에는 숲속의 세
칸톤의 결맹으로 시작하여 농촌 칸톤과 도시 칸톤이 혼합된
연맹이 되었다. 그러나 그들은 공동의 적인 강대한 봉건군주
인 오스트리아의 합스부르크 왕가에 대한 반항을 한다는 점
에서 상호간의 유대를 가졌었다. 14세기는 이들이(특히 여덟
개의 옛 칸톤) 합스부르크 공가의 공격을 물리치는 데 소비
되었다. 맹우가 늘고 적을 물리치는 데 따라 이들에게는 전에
왕가 소유였던 적산지구도 생기게 되어 이것을 공동관리하

지 않으면 안 되게 되어 더욱 유대를 튼튼히 하는 요소가 되었다.

15세기는 스위스 연맹의 영웅적 시대였다. 동쪽에서 쳐들어오는 오스트리아군과 서쪽에서 침범하는 부르고뉴군과 접전하여 연전연승하여, 스위스는 일약 유럽에서도 손꼽히는 강대한 무력국가가 되었다. 벌써 열강들은 이 무적의 스위스 군대에 장래의 가치 있는 동맹군을 찾게끔 되었다. 그러나 공동의 외적이 없어진 뒤에는 연맹 내에 공동유대의식이 식어가기 시작했다.

그러던 중 1510년에는 이때까지 무적의 무력을 믿고 중대한 정치적 모험을 시도했다. 즉 당시 이탈리아반도를 석권하고 있던 프랑스군을 물리치기를 원하는 로마교황청과 스위스연맹은 오 개 년 군사동맹을 체결하고, 풍부한 물질적 보상을 대가로 육천 명의 스위스 병정을 이탈리아에 파견하기로 했다. 1513년에는 밀라노 일대를 점령하고 있던 프랑스군을 격퇴하고 북이탈리아 전부를 점령하였다. 이때가 스위스연맹의 영웅적인 시기의 절정이었다. 그러나 그 후 1515년에는 같은 북이탈리아의 마리냐노Marignano의 전쟁에서 우세한 프랑스군에게 참패하였다. 이 패전의 원인은 그때까지의 단결이 깨지고 몇몇 칸톤들이 프랑스와 개별적인 화친을 맺었기 때문이었다.

이때의 패전은 연맹의 각 칸톤들에게 국방과 외교관계에 있어서의 통일적인 추진력이 없는 연맹체제의 무력함을 느

끼게끔 하였다 그래서 스위스연맹 앞에는 국제무대에 권토
중래하기 위하여 강력한 중앙집권체제로 전환하느냐 그렇지
않으면 연맹체제를 유지하면서 국제무대에서 손을 떼고 물
러나느냐 하는 기로에 서서, 장차 운명을 좌우할 중대한 결정
을 내려야 했다. 다시 말하면 큰 나라가 되느냐 작은 나라가
되느냐 하는 운명을 결정하는 순간이었다.

　이 결정에 있어 본래 숲속의 농민들이 봉기하여 자유와 독
립을 수호하기 위하여 맺었던 결맹이 건국의 시초였던 만큼
이런 본능이 더 강하게 작용하여 후자의 길을 택하고 손을 떼
고 가만히 앉아 보는 후퇴와 포기의 노선을 밟게 되었다.

　그 다음 해인 1516년에 스위스연맹은 프랑스와 소위 항구
적 평화조약을 맺고, 스위스의 병정들은 프랑스왕의 군대에
용병으로 나가게 되고 그 대가로 스위스연맹은 매년 상당한
연금은 물론 무역과 교통 면에서 특혜를 받게 되었다. 동시에
오스트리아와도 비슷한 조약을 맺어, 이때부터 삼백 년 동안
스위스의 젊은이들은 온 유럽에 용병으로 나가게 되었다. 이
것이 후에 스위스의 공업화에 어떠한 역할을 하였느냐 하는
것은 앞에서 이미 말했다(제2장), 여하간 이때부터 스위스연
맹은 전환기에 들어섰는데, 스위스의 역사가 고트프리드 구
겐뷜은 1515년의 마리냐노의 패전이 스위스 중립주의의 초
석이 놓인 사건이라고 다음과 같이 말하고 있다.

　『이때부터(마리냐노의 패전) 연맹은 자주적인 국가로서
강대국의 전쟁에 개입하는 것을 포기하고, 단지 용병으로만

유럽의 전쟁에 참여하게 된 반면에, 그 국제관계에 있어서는 (그전에도 간혹 있기는 했지만) '가만히 앉아 있는' 성질이 점차로 발전하였다. 이것은 옛날 스위스에서는 중립이라는 말인데, 이렇게 하여 중립은 몇 세기를 경과하는 동안 처음에는 그때그때, 다음에는 규칙적으로 유지되어 오다가 마침내 연방 외교정책의 지도 이념으로까지 높여졌다.』

　여하튼 스위스는 이때부터 스스로 작은 나라의 길을 택하였다고 해도 틀림없겠다.

12. 스위스 중립의 역사적 배경 2
분열의 위기를 극복

큰 나라가 될 뻔하다가 작은 나라로 전락해 버린 스위스연맹에게는 더 큰 시련이 기다리고 있었다. 그것은 민족 분열의 시련이었다.

이탈리아전쟁에서 패배한 직후 스위스연맹에게는 더 크고 오랜 민족적 시련이 기다리고 있었다. 그것은 곧 스위스 스스로가 일으킨 종교개혁의 바람이었다. 이것은 16세기 초부터 전 유럽을 뒤흔들었던 폭풍의 일부분이었고, 그 뒤 소위 삼십 년 전쟁이 끝난 17세기 중엽까지 백오십 년 동안 계속되었다. 그러나 제일 먼저 이 바람이 내란으로 번진 곳은 스위스였다.

마틴 루터가 남독일에서 로마교회의 권위보다 성서의 권위를 내세우고 프로테스탄트 종교개혁을 일으킨 것과 거의 때를 같이하여 서른다섯의 휴머니스트 신부 홀드리히 츠빙글리Huldrych Zwingli는 1519년 취리히에서 독자적인 개혁운동을 일으켰다. 스위스 동부 토겐부르크 지방 빌트하우스Wildhaus 란 산촌의 농가에서 태어난 츠빙글리는 어려서부터 뛰어나게 총명해서 신부인 삼촌한테서 라틴어를 배우고 소년시절에 벌써 바젤·베른·비엔나·파리 등지에 유학한 후 십팔 세 되던 1502년에 당시 휴머니즘의 센터이던 바젤대학에 입학했다. 바젤대학은 1431년부터 1448년까지 십칠 년 동안 그곳에서 열렸던 로마교회 공의회의 기념으로 1460년에 교황 피오 2세에 의하여 창설되었는데, 라인강 굴곡선상의 상공업도시의 자유와 자치의 전통도 힘입어 근대적 휴머니즘의 분위기가 농후한 곳이었고, 독일 대학들의 영향도 컸다. 네덜란드의 유명한 휴머니스트 에라스무스Erasmus가 바젤에 와서 사상적인 영향을 주기 시작한 것도 이때였다. 젊은 인문학도 츠빙글리는 여기서 라틴어 지식을 더 세련하여 자유자재로 서신과 변론을 쓸 수 있게 되었고, 또 그리스어·히브리어도 배웠다. 산촌의 농가의 아들은 이리하여 소문난 고전학자가 되어, 사 년 후인 1506년 글라루스에 초빙되어 가서 교구신부가 되어 십이 년 동안 여기에 머물렀다. 이때는 스위스연맹이 로마교황과 동맹하여 이탈리아에 출정하던 때였다. 젊은 신부는 군목軍牧으로 교구의 젊은이들을 따라 이탈리아의 여러 전쟁에 참가하였다. 마리냐뇨에서의 패전도 목격했다. 거기서 그는 그런 삯전쟁이 무엇을 의미하는가 배웠다.─인명의 손실·보수의 불공평한 분배, 자기와 직접 관계없는 일을 위하여 용감한 청년들이 피 흘리는 일, 병영생활의 비도덕적인 폭행 등을 보았다. 그는 또 스위스언맹군이 단합하면 얼마나 무섭고, 마리냐노에서 분열했을 때 얼마나 무참히 패배했는가도 보았다. 돌아오자마자 그는 이제부터는 외국의 용병 근무를 중지할 것을 주장하기 시작하였다. 때마침 이 불만에 가득찬 젊은 신부는 새로 발간된 그리스어 원어의 신약성서와 더불어 에라스무스의 번역본을 읽기 시작했다. 그래서 초대교회의 모습과 자기 주변에서 보고 아는 교회의 상태와 비교해서 생각하기 시작했다. 그 당시 교회와 사원은 너무나 많은 세속적인 권한을 가지고 있었다. 교회의 의식과 생활은 너무나 타성화하고 문란해서 개혁의 소지가 농후한 때였다. 여기에 성서의 재발견은 본래의 초대교회에는 없었던 제도와 의식을 제거하는 것이 마땅하지 않느냐 하는 새로운 의식을 일으켰다. 이러던 중에 그는 1518년 말에 취리히에서 가장 큰 그로스뮌스터교회의 신부로 초빙되어 갔다.

츠빙글리는 이제 중앙으로 들어간 셈이다. 취리히는 연맹 안에서 가장 큰 도시로서 상인들과 각종 기술을 가진 신흥 중산층의 세력들이 자활적으로 다스리고 있었다. 종교문제도 형식상 콘스탄츠에 있는 주교의 관할 하에 있었지만, 사실상은 시 평의회가 자치적으로 결정하고 있었다.

1519년 1월 1일 그가 처음 그로스뮌스터의 강단에 섰을 때 그는 의례적으로 지정된 성구를 읽지 않고 자기 뜻대로 마태복음의 처음부터 읽어 내려갔다. 이 독창적인 스타일과 웅변적인 설교는 많은 감명을 주어 널리 소문이 퍼졌다. 이때부터 개혁은 시작되었다.

신앙의 자유를 부르짖는 이 새로운 종교는 당시 벌써 새로운 사회적인 세력으로 대두하고 있던 도시의 상인층이 널리 받아들이게 되어 요원의 불과 같이 취리히뿐만 아니라 샤프하우젠·바젤·베른 등 주로 도시를 중심으로 한 칸톤에 전파되었다. 한편 원래 스위스를 비롯한 농촌 중심의 칸톤들은 옛날 종교를 고수하였다. 이때만 하더라도 종교와 정치는 분리되지 않았다. 신교 칸톤의 주민들은 신교를, 구교 칸톤의 주민들은 구교를 신봉하여야 했었다. 독립된 각 칸톤 내에서는 당장 큰 문제가 없었으나, 열세 개 칸톤이 공동으로 관리해 오던 지역에서는 주민의 종교를 둘러싸고 심각한 문제가 일어났다. 프로테스탄트 칸톤들은 그 지역에서는 주민의 종교선택의 자유를 주장했던 반면에 가톨릭 칸톤들은 강경히 이를 반대했다. 그래서 마침내 1529년에 루체른·슈비츠·우리·운터발덴·추크 등 다섯 칸톤은 오스트리아와 소위 기독교 동맹Christliche Vereinigung을 맺었다. 종교와 사상 때문에 수백 년간 공동의 숙적이던 오스트리아왕가를 다시 업고 동족 간에 맞서게 되었다는 것은, 스위스연맹이 건국 이래 처음 겪는 얄궂은 비극이었다. 이런 반목과 대립은 마침내 1529년과 1531년 두 차례의 종교전쟁을 가져왔다. 첫번에는 츠빙글리가 인도하는 프로테스탄트군이 이기고 두번째는 루체른을 맹주로 하는 가톨릭동맹이 이겼다. 이 종교전쟁으로 말미암아 스위스연맹은 숙명적인 상처를 입었다.

　본래부터 조그마한 여러 칸톤들이 허술하게 묶여 연맹체를 유지해 내려오던 것이, 이제는 다른 종교적 신앙 때문에 두 개의 상호 반목하고 분쟁하는 가톨릭교와 개신교 지역으로 분열되어 양자 간에 불안스러운 대치상태가 오래 계속되었다. 국내적으로는 이렇게 불행한 결과를 초래했지만, 한편 국제적 관점에서 보면 종교개혁은 전화위복이 되기도 하였다. 이 전쟁들은 유럽의 종교전쟁인 삼십년전쟁보다 근 백년 앞선 것이었는데 스위스는 내부에서 앞당겨 체험하였기 때문에 후에 삼십년전쟁에 끌려 들어가지 않게 되었다. '매도 먼저 맞아야 된다'는 격이 되었다. 이때에도 물론 아슬아슬한 고비를 많이 넘겨야 했다. 즉 프로테스탄트나 가톨릭 지역이 각각 외국의 신우信友들과 동맹하여 외국 전쟁에 뛰어들어갈 위험성이 없었던 것은 아니었다. 그러나 다행히도 스위스 연맹은 이 시련을 극복했다 그러면 구겐뷜의 말을 인용해 보자.

　그러나 두 종교 진영은 아직도 일종의 유대의식이 남아 있어서, 결정적인 순간에는 언제나 연맹의 종말을 초래할 만한 실제적인 모험 앞에서는 주저하였다. 종교적인 신앙에 있어서 분열되어 있으면서도 그들의 연맹은 자기네 생존의 전제를 희생하기를 원하지 않는다면 유럽의 열강들의 싸움에 있어서 중립으로 남아 있지 않을 수밖에 없도록 지속적으로 강요당하였다.[1]

어쨌든 16세기에 종교개혁을 계기로 내부에서는 피나는 내란을 몇 차례 겪으면서도 밖으로는 17세기 초엽의 유럽 전체의 종교전쟁인 삼십년전쟁에 휩쓸려 들어가지 않았다는 것은 하나의 기적 같은 일이요, 또한 후일 19세기 초에 있어서 영세중립을 확보하는 데 있어서 중요한 초석이 되었다는 사실을 간과할 수 없다.

　또 한 가지는, 종교개혁이 스위스의 역사에 남겨 준 선물은 제네바를 거기에 연결시켰다는 사실이다.

　제네바는 중세 말까지 로마교회 직할의 상업도시였다. 그러나 그 사위四圍를 포위하다시피 자리잡은 유력한 봉건군주인 사보이 공가의 부단한 위협 밑에 놓여 있었다. 도시의 통치권은 평의회에 있었는데, 그 회원 중에는 사보이 왕조의 편도 있고 스위스연맹과 관계를 가지려는 편도 섞여 있어서, 취리히를 중심으로 츠빙글리의 개혁이 한창 퍼질 때에는 아직 그 태도를 정하지 못하고 있는 형편이었다. 한편 제네바호수를 같이 끼고 같이 프랑스어를 사용하는 북쪽의 로잔 시와 그 주변의 보 지방은 스위스연맹 내에서 가장 침략적인 칸톤이자 이미 프로테스탄트가 된 베른의 지배하에 있었다. 그래서 1526년 제네바는 사보이 공가의 압력에서 보호를 받기 위하여 베른 및 프리부르 칸톤과 이십오 년간의 동맹을 맺었는데, 사 년 후에는 침입의 위협이 커지자 베른, 프리부르 등의 군

1. Gottfriee Guggenbühr, op. eit., p.550.

대가 호상湖上으로 제네바에 상륙하여 이를 방위한 일까지 있었다. 이때부터 1798년까지 제네바는 비록 독립된 공화국이지만 베른과 또 베른을 매개로 하여 스위스연맹 전체와 밀접한 관계를 유지해 왔던 것이다.

프랑스 출신인 젊은 종교개혁가 장 칼뱅Jean Calvin이 스트라스부르로 향하는 길에 제네바를 방문한 것은 1536년의 일이었다(이것은 츠빙글리가 취리히에서 개혁운동을 일으킨 때보다 십칠 년 후이고 그가 두 번째의 종교전쟁에서 전사한지 오 년 후의 일이다). 이때 스물일곱 살의 개혁가 칼뱅은 유명한 존재였다. 같은 해에 벌써 그는 바젤에서 그의 주저「기독교 강령」을 세상에 내놓은 뒤였다. 그때 제네바에서 개혁교의 복음을 전파 중이던 파렐Farel은 이미 이 젊은 친구의 저서에서 깊은 감명을 받은 것이었다. 그래서 칼뱅의 방문을 받았을 때 신의神意를 빌어 가면서 그곳에 머물러 줄 것을 간청하였던 바 칼뱅이 승낙하였다. 이 결심이야말로 세계 역사(스위스의 역사는 말할 것도 없고)를 바꾼 것이었다.

교회법학자의 아들로 태어난 그는 종교가일 뿐만 아니라 조직의 천재였다. 젊어서 배운 고전의 지식은 신약성서를 그리스 원어로 읽고 독자적인 판단을 할 수 있는 힘을 주었고, 그의 엄격한 법률 공부는 항구적인 제도로서 명료하고 확실하게 성문화된 법규에 기초를 두어야 한다는 것을 가르쳐 주었다.

1536년부터 1564년 죽을 때까지 28년간(그 중 1538년부터 삼 년간 추방당하였다가 다시 초빙되어 옴) 칼뱅은 제네바에서 엄격한 종교정치를 베풀었다. 표본적인 청교도적 도시국가를 만들었다. 시민들은 주일은 물론 평일에도 교회에 참석하여야 했고, 엄격한 금욕과 규율, 의복과 언동에 있어서도 새로운 종교에 일치하여야 했다. 동시에 1559년에는 아카데미(제네바 대학의 전신)를 창설하여 교역자와 선교사를 양성하여 전 세계에 새 교리를 선포하는 교육과 선교의 국제적 중심지가 되었다.

제네바는 또한 자연적으로 유럽 전역에서 종교적 박해에 쫓겨 신교信敎의 자유를 찾아온 수천의 피난민들의 안식처가 되었다. 이것이 또한 제네바의 스위스에 대한 공헌과 국제적인 성격을 더하게 만들었다.

종교적 피난민 중에 가장 큰 영향을 남긴 두 무리가 있었다. 하나는 프랑스의 위그노교도Huguenots들이고 다른 하나는 존 녹스John Knox가 이끄는 스코틀랜드의 청교도들이었다.

위그노들은 피난 올 때 기술과 돈을 가지고 왔다. 무엇보다도 그들은 거기에 칼비니즘의 엄격한 훈련을 받았다. 깊은 교도적인 신념에 따르는 금욕과 검소한 생활과 성실 정직과 근면의 습관은 그 시대에 바야흐로 머리를 들기 시작하던 자본주의의 대두를 돕는 점이 적지 않았다. 이들이 제네바를 비롯한 스위스 서부의 쥐라산맥 전역에 걸쳐서 분산하여, 처음에는 가내직조공업부터 시작하여 점차로 시계공업의 발달에 이르기까지 국제전쟁에서 은퇴한 후의 스위스의 공업화에

제네바대학 뒤뜰에 있는 종교개혁가 석상

얼마나 중요한 공헌을 하였는가는 이미 앞에서(제2장) 상세히 말한 바 있다.

경제적인 영향 못지않게 제네바의 종교개혁이 스위스에 공헌한 것은 청교도들의 피난을 통한 국제적인 방사放射였다. 존 녹스가 삼천 명의 스코틀랜드 청교도들을 이끌고 제네바에 와서 머무른 것은 1556년부터 삼 년간이었다. 이들은 칼뱅이 신학을 강의하던 강당Auditoire Calvin에서 프랑스·이탈리아·스페인·네덜란드 등지에서 온 피난민들과 동거하면서 칼비니즘을 터득하였다. 녹스는 이때의 제네바를 "사도들의 시대 이래 지구상에 존재한 가장 완전한 그리스도의 학교"라고 말할 정도로 칼뱅에게 열복悅服한 모양이다. 이렇게 칼비니즘의 세례를 받은 청교도들이 삼 년 있다가 본국 스코틀랜드에 돌아간 뒤 약 팔십년 후에 그 후예들이 저 유명한 메이플라워호를 타고 북아메리카의 뉴잉글랜드에 상륙하여 미국을 세웠다는 것은, 세계사적인 의미는 고사하고라도 그 후의 제네바와 스위스에 생각지 않은 반사적 혜택을 가져왔다는 사실은 기억할 가치가 있다. 이런 역사적 배경에 있어서 훗날 제네바는 미국의 독립전쟁 때 영국과 미국 사이의 협상 장소가 되고, 다시 일차세계대전 후에는 국제연맹의 본부가 여기에 자리잡게 된 것이다. 국제연맹의 아버지인 미국의 우드로 윌슨 대통령이 철저한 칼비니스트였기 때문에 그의 고집에 따라 국제연맹이 과히 기후도 좋지 못한 제네바에 자리를 잡게 되었다고, 당시 제네바에서 활동한 영국의 학자 러브데이

Loveday가 쓴 회상록을 필자는 읽은 기억이 있다. 역사에는 우연 아닌 우연도 있는 것 같다.

여하간 우리의 관점에서는 훗날 특히 19세기와 20세기에 있어 스위스의 국제적인 명성과 위치를 확보해 주는 데 찬란한 역할을 해 준 이 조그마한 칸톤 제네바가 종교개혁을 통하여 이때부터 스위스에 결정적으로 접근했다는 것이 중요하다.

칼뱅 없는 제네바를 생각할 수도 없다고 하듯 제네바 없는 스위스를 생각할 수 없다.

스위스의 역사적 발전 과정에 있어서 16세기는 프로테스탄트 종교개혁의 세기인 동시에 또한 가톨릭 내부개혁의 시기이기도 했다.

루터, 츠빙글리, 칼뱅 등이 일으킨 로마교회에 대한 반항에 대처하여 자가청신과 롤백운동의 근원이 된 트리엔트Trient 공의회(1545-1563년)의 정신을 받들어 16세기 후반에는 루체른을 중심으로 하는 여러 가톨릭 칸톤에 종교개혁의 바람이 불었다. 교회의식이 간소화되고 신부들의 풍기가 엄격히 단속되고 교회정치와 인사에 있어서의 정실주의가 배격되었다. 이때에 스위스의 구교개혁에 주동이 된 사람은 교황 피오 4세의 조카이며 이탈리아 밀라노의 대주교였던 보로메오 Borromeo 추기경이었다. 스물셋에 벌써 로마가톨릭 조직에 있어서 교황직 다음의 최고 계급인 추기경이 된 이 젊은 구교개혁자는 몸소 경건과 금욕과 청결을 실천하고, 자기 교구에서부터 병자와 빈민에 대한 자선사업을 추진하고, 또 대외적으로도 트리엔트 공의회에서 채택된 교회 청신 운동을 조직하였다. 보로메오 추기경은 1570년부터 교황으로부터 스위스의 보호자라는 칭호를 받고 수차에 걸쳐 알프스를 넘어 와서 순결하고 다정스러운 신부의 모범을 보여, 스위스의 가톨릭 지방에 새로운 부흥운동을 일으켰다. 이와 때를 같이하여 전 세계적인 반종교개혁운동을 목적으로 창설된 '예수회Jesuit'의 시조인 스페인의 이그나티우스 데 로욜라Ignatius de Loyola의 제자들이 스위스에 들어와서 예수회 학교를 세웠다. 1577년에는 루체른에, 1580년에는 프리부르에 콜레주를 세웠는데, 이두 학교들은 스위스의 가톨릭교회의 강화에 큰 역할을 했다. 그중 특히 후자, 프리부르에 세운 예수회 학교는 로욜라의 제자 네덜란드인 피터 카니시우스Peter Canisius가 교황 그레고리 3세의 명을 받들어 세운 것인데, 오늘날 프리부르대학의 전신이 되었다는 것은 앞에서(제2부 8) 이미 말한 바 있다. 이들 예수회 학교를 중심으로 하는 적극적인 지도자 양성과 정신운동을 통하여 바젤대학의 휴머니즘과 제네바의 칼비니즘에 대항하는 힘을 양성할 수 있었다.

프로테스탄트 종교개혁 못지않게 가톨릭의 내부개혁이 있었다는 사실은 때로는 이들 두 가지 종교를 가진 지방 사이에 예리한 정치적 충돌을 갖고 오기도 했지만, 또 한편에서는 양세력을 정립시켜 줌으로써 후일 서로 다른 종교가 공존하는 연방제도를 마련하는 기초가 되기도 하였다. 이때 열세 칸톤 내부에서의 종교적인 대치상태를 보면, 프로테스탄트 진영에는 취리히·베른·바젤·샤프하우젠 등 인구와 부력이 많은 도시의 네 개의 칸톤이 들어있는 데 반하여, 가톨릭 진영에는 루체른·우리·슈비츠·운터발덴·추크·프리부르·졸로투른 등 인구가 적은 농촌의 일곱 칸톤이 포함되어 있었다(글라루스와 아펜첼은 양교 혼합이었다). 이렇게 하여 한쪽은 인구가 많고 한쪽은 칸톤 수에 있어서 다수를 점했기 때문에, 통틀어서 완전한 정립상태와 균형을 가져온 것이었다. 여기에 개혁과 청신운동도 양쪽이 모두 활발히 일으켰기 때문에 정신적인 정립마저 가져왔다(이 종교적 균형은 오늘날까지 유지되어 현재 스위스연방의 총 인구 중 프로테스탄트가 오십삼 퍼센트, 가톨릭이 사십육 퍼센트의 비중을 각각 차지하고 있다).

그 중에서도 본래 공세를 취했었고 우세한 경향이 있던 프로테스탄트 진영 중에서 바젤, 샤프하우젠 등 변두리의 칸톤들이 항상 온건한 조정 역할을 맡고 나서 과격한 취리히를 중화해 주고, 또 무력적으로 강한 베른이 지리적으로 인접하고 있는 가톨릭 칸톤인 프리부르와 협조 관계를 가지고 취리히를 견제했기 때문에, 양 종교 진영 간의 대립이 최후 순간에 가서 늘 구제되어, 내부 분열의 시련을 여러 차례 극복한 것은 기억할 만하다.

이러한 것이 기초가 되어 스위스연맹은 종래 17세기 초반 유럽을 휩쓴 삼십년전쟁에 참여하지 않았지만, 1648년에 전쟁이 종결했을 때 베스트팔렌Westphalia 강화회의에는 바젤의 시장 베트슈타인Johann Rudolf Wettstein이 스위스연맹의 대표로서 참석하여, 후의 나폴레옹 전쟁까지 적어도 백오십 년간의 유럽의 운명을 결정한 1648년의 베스트팔렌조약에 스위스연맹이 독일민족 신성로마제국에서 독립된 단일주권국가임을 명문으로 밝히는 데 성공하였다. 이 조약은 스위스에 대한 의의가 지대하다. 종교분쟁 때문에 내란을 두 차례나 겪고도 유럽의 종교전쟁에 휩쓸려 들어가지 않고 중립을 실천하고도 그 전후처리에 있어서는 근세 최초의 국제회의에서 정식으로 단일독립주권국으로 국제적인 승인을 받았다는 사실은 대내적으로는 흔들리던 민족의 단결을 유지해 주고 대외적으로는 중립의 실적을 과시하고 이것이 후일의 영세중립 승인의 기초를 마련하였다고 할 수 있겠다.

베스트팔렌조약 후에도 17, 18, 19세기에 걸쳐 스위스연맹은 종교개혁과 반종교개혁의 여파로 세 번이나 피나는 내부적인 종교전쟁을 치러야 했다. 그러나 그럴 때마다 내부에서 조정하는 세력이 등장하여 스위스연맹은 관용과 타협으로 분열을 이겨냈다.

그래서 이 시기는 용병의 돈과 아울러 프로테스탄트 피난민이 가져온 기술과 돈으로 남보다 먼저 공업화하는 데 이바지했다.

이리하여 16세기의 두 가지 큰 사건, 1515년의 이탈리아 출정에서의 패전과, 1519년에 취리히, 1536년 제네바에서 일어난 종교개혁은 국제무대에서의 후퇴와 내부분열의 시련을 극복하기 위한 중립의 체험을 스위스에게 부여하였다.

이때부터 삼백 년 동안 스위스는 한편 '후퇴와 기권'의 길을 걸으면서 역사적 환경이 제공한 여건을 잘 이용하여, 용병의 삯전과 종교개혁의 부산물인 피난민이 도입한 기술과 자본을 밑천으로 하여 유럽대륙에서 제일 먼저 공업화의 길에 오르게 되었다. 토인비의 이른바 '물러남과 돌아옴Withdrawal and Return'의 패턴에 따른 창조의 길에 섰다.[2] 여하튼 우리가 기억하여야 할 일은 1815년의 '비엔나회의'까지 삼백년 동안 스위스의 중립은 그 초석이 놓이고 있었다는 사실이다.

---

2. A. J. Toynbee: 역사의 연구 3권 11장 3절 역사「차체가 바탕이다.」

13. 스위스 중립의 지주 1
국제적 사명을 찾아서

국제조약에 영세중립국이라고 적혔다고 하여 자동적으로 스위스의 중립이 '비엔나회의', 이후 오늘날까지 백오십 년 동안 유지되어 온 것만은 아니다. 세계에는 한 번 국제적으로 중립이 선언되었다가도 번번이 유린된 나라가 한둘이 아니다. 국제정치에서 자비는 없다. 그러면 무엇이 유독 스위스의 영세중립을 지난 백오십 년 동안 유럽 전쟁을 뚫고서 지탱해 왔는가 하는 점이다. 물론 이 질문에 대한 해답은 객관적인 국제정세의 흐름과 주체적인 스위스 자체의 노력의 합치에서 찾아야 할 것이 당연한 이치이겠으나, 우리는 여기에서 전자는 고사하고 후자에 대하여 즉 스위스 사람들은 무엇을 하여 영세중립을 유지할 수 있었던가 하는 점을 살펴볼 필요가 있다.

여기서 우리는 단도직입적으로 두 가지의 훌륭한 업적을 그들에게 돌리지 않을 수 없다. 그 하나는 19세기 중엽에 제네바의 민간인들이 창설한 '국제적십자사'의 세계적 활동이요, 또 하나는 중립을 무장으로 뒷받침하는 스위스의 '민병조직'이다.

전자는 밖으로 고매한 이념과 세계적인 방사력과 착실한 업적과 부인할 수 없는 가치 있는 봉사를 통하여 그 운동의 모체국인 스위스에게 침범하기 어려운 높은 국제도의적인 지위를 차지하게끔 하였다. 후자는 개미 조직과 같이 강인한 조직과 놀라운 사기를 갖고 최강의 가상 침략자에게도 두 번 생각하게 만드는 무장된 힘을 스위스에 부여함으로써 그 중립에 골격과 신빙성을 더하여 주었다. 중립을 유지하자면 힘이 필요하다. 정신적 힘과 물리적 힘이. 적십자는 도의적인 힘을, 스위스 군대는 무력을 스위스의 중립에 제공하였다.

이제 이 두 가지의 지주에 대하여 좀더 자세히 살펴보자. 국제적십자사International Committee of Red Cross는 1863년 제네바에서 발족하였다. 이보다 앞서 사 년 전 1859년 여름 알프스 남쪽 북이탈리아의 평원에서는 프란츠 요제프 황제 휘하의 이십오만 오스트리아 대군과 나폴레옹 3세와 사르데냐의 비토리오 에마누엘레 왕이 이끄는 프랑스·사르데냐·피에몬테 연합군 십오만이 이탈리아반도의 패권을 에워싸고 세기의 일대 결전을 벌이고 있었다. 이때에 제네바의 서른한 살 상인 앙리 뒤낭Henri Dunant은 상용商用으로 급히 프랑스황제 나폴레옹 3세를 알현하고자 이탈리아까지 갔다가 마침내 솔페리노 Solferino란 전쟁터까지 찾아갔다. 거기서 뒤낭은 사만 명의 오스트리아 부상병들이 아무 구료救療의 손도 없이 들에서 신음하는 참상을 목격하고 자기의 용무는 다 잊어버리고 부근의 신부 한 사람과 부녀자들과 병정 몇 사람을 급히 모아 응급구료반을 구성하여, 사흘째 들에 남아 있는 오백 명의 부상병들에게 음식과 응급구료를 베풀고, 또한 자기 마부를 도시로 보내어 사비로 구호 용품을 사오도록 하여 한 달 동안 거기 남아서 그들을 돌보았다.

제네바에 돌아온 뒤 이 선한 사마리아인은 〈솔페리노의 회상Souvenir de Solferino〉이라는 제목의 팜플렛을 썼는데, 그 속에서 그는 자기가 본 전쟁의 참상을 묘사하고 국적을 초월하여 부상병을 구원하는 구호단체를 모든 나라에 조직할 것을 제창하였다. 이 팜플렛은 1862년에 발간되자 세상의 이목을 끌었고 곧 동조자가 생겼다. 그래서 다음 해 1863년에는 제네바에서 다섯 명의 민간 유지Dunant, Moynier, Dufour, Appia, Maunoir들의 발기로 소위 '부상병의 구호를 위한 제네바위원회'가 창설되었는데, 이것이 ICRC로 발전하였다. 이 해 가을에는 열여섯 개 나라에서 대표들이 모여 국제적십자사의 발족을 확인하고 각국에 같은 취지의 적십자 협회를 조직하기로 결정했다.

1864년 8월에는 스위스 정부의 소집 하에 열여섯 국가의 전권대표가 모인 외교적인 국제회의가 개최되고, '전쟁 부상자의 구호에 관한 제네바협정'이 채택되었다. 이 소위 '제네바 협정'은 지난 백 년간 세 차례(1906, 1929, 1949)의 수정과 추가를 거듭하여 1949년의 네 가지 협정에는 전쟁 부상자만 아니라 전쟁포로, 적의 점령지역 내의 민간인 및 내란의 희생자, 천재지변의 조난자에 대한 구호까지 포함되어 그 대상 범위가 넓어졌다.

전 세계를 통하여 적십자의 깃발은 흰 바탕에 붉은 십자다. 이것은 붉은 바탕에 흰 십자를 한 스위스의 국기의 역逆으로, 그 운동의 발상지인 스위스에 대한 예의라고도 볼 수 있다. 물론 적십자와 스위스와의 관계는 여기에서 끝나지 않는다.

첫째, 그것은 지난 백 년 동안 스위스에 커다란 국제적 위신과 도의적인 힘을 가져다주었다. 이 점에 있어서 ICRC가 스위스인으로만(스물다섯 명 이내) 구성된 민간사단법인이라는 데 의미가 있다. 처음에 공공정신이 강한 몇 사람의 창의적인 시민이 보편적인 이상을 내걸고 결사結社하여 전 세계를 상대로 실천적인 활동—다른 정부를 구속하면서 다른 국민을 개인적으로 보호하는 활동—을 지속적으로 전개함으로써, 한 세기가 지나는 동안 누적적인 명성과 공신력을 획득하게 되었다.

다음으로, 이렇게 하여 국제적십자사의 창의적인 활동은 스위스에 반사적인 혜택을 가져왔다. 즉 제네바를 따라서 스위스를 국제적인 중심지로 만들어 많은 국제기구와 국제회의를 그곳으로 가져오게 했다. 16세기에 칼뱅의 종교개혁으

제네바호수와 몽블랑을 동시에 조망하는 만국의 전당(Palais des Nations)

로 세계에 그 빛을 발산했던 제네바가 삼백 년 후에 다시 적십자를 통해서 이 방사를 되풀이했기 때문에 더욱 이 조그만 레만 호반의 도시가 스위스에 대하여 엄청난 플러스가 된 것이다.

여하간 국제적십자사ICRC가 1863년에 제네바에서 발족했다는 사실이 지난 백 년 동안에 생겨난 여러 국제기구의 본부를 스위스에 두게 하는 데 결정적인 역할을 한 것을 간과할 수 없다. 그 뒤 얼마 안 되어 1865년과 1874년에는 최초의 정부 간의 국제기구인 국제전신기구ITU와 국제우편연합UPU이 베른에 창설되었다. 이런 경위가 있어서 일차세계대전 후에는 국제연맹League of Nations본부가 제네바에 자리를 잡고, 지금의 만국의 전당Palais des Nations건물이 서게 되고 이것이 기초가 되어 이차세계대전 후에도 국제연합UN의 유럽 사무실은 현재 국제노동기구ILO, 국제보건기구WHO, 국제기상기구WMO 등 UN 특수기구와 국제교육국IBE, GATT(관세무역일반협정)의 사무국 등 정부간의 기구, 그리고 세계교회연합회WCC를 비롯해서 YMCA, YWCA, 유엔협회, 국제위원동맹IPU, 국제학생연맹ISMUN 등을 포함한 이백 개에 가까운 민간 국제기구가 여기에 본부를 두고 있는 것이다.

그뿐만이 아니다. 가장 중요한 것은 적십자의 방사력은 스위스의 중립에 그 정당화의 구실과 적극적인 사명을 부여했다는 사실이다. 국제기구는 필요에 따라 다른 곳으로 옮겨 갈 수도 있으나, 국제 분쟁에 있어서의 조정은 아무에게나 맡겨지는 것이 아니다. 여기에는 장기간 불편부당하고 공평무사한 행동의 실적과 신뢰가 필요하다. 바로 이것을 ICRC는 지난 백 년간 실행해 왔다. 그런데 ICRC의 배후에 영세중립국가로서의 스위스가 존재하지 않았던들 그만큼 효과적인 역할을 할 수 있었겠는가 의문이다. 스위스가 중립이니까 거기에 본부를 둔, 또 그 시민들이 운영하던 민간 단체인 ICRC를 세상이 신뢰하였다는 사실을 부인할 수 없겠다. 현재 스위스의 외무장관 바알렌Wahlen씨는 이 관계를 다음과 같이 설파한 바 있다.

적십자의 이념과 활동이야말로 스위스가 인류에게 준 가장 큰 선물이다. 만약 소국 스위스의 존재를 정당화할 필요가 있다고 하면 이 한 가지, 즉 적십자의 창설과 과거 백년간 전 인류의 복리를 위해서 한 그 믿음직한 운영만 가지고도 충분하겠다.[3]

이와 같이 하여 적십자사의 활동을 매개로 하여 세계의 눈에는 스위스의 중립이 필요하고 유용한 것이라는 평가가 생기게 되었다. 그 예로 이차세계대전 중에는 서른다섯 개 교전국들이 그 외교 대리 업무를 스위스 정부에 위임했었고, 현재도 열두 개 나라의 일을 맡아 하고 있다.

---

3. F. T. Wahlen, 1963.5.19. Basel 스위스 적십자총회에서 행한 연설에서 (*Neue Zürcher Zeitung*. 1963.5.20. No. 2061 게재)

세계를 향해 적극적 역할과 사명이 없는 중립은 소용없다. 그런데 스위스의 경우는 ICRC가 이 사명을 가질 수 있는 계기를 제공하였다.

최근 1962년 가을 쿠바 사태를 회고해 보자. 긴장이 최고 절정에 도달했을 때 UN사무총장이 미국·소련 양국 정부의 동의를 얻어 ICRC에게 쿠바로 들어가는 선박의 현지 검사 임무를 의뢰했다. ICRC는 그런 일이 전통적인 구호 업무 밖의 일이었지만, 그 요구를 일단 받아들여 대표를 ICRC본부에 파견할 태세를 갖추는 동안 그 필요가 없어져서 그만두고 말았던 것이다.

스위스 사람들은 이런 사실을 들면서 오늘날 세계에 있어서 스위스의 중립의 설 자리와 그 독특한 사명을 강조해 마지 않는다. 사명을 찾지 않고는 중립국도 설 자리가 없다. 단지 강대국 사이에 끼여 있다는 지리적 조건만 가지고 중립이 되는 것은 아닌 것이다.

1945년부터 1961년까지 열여섯 해 동안 스위스 연방평의원을 하면서 세 번 대통령을 역임한 바 있는 막스 프티피에르 Max Petitpierre는 중립을 정당화하자면 끊임없이 구실과 사명을 찾아야 된다고 다음과 같이 강조한다.

　궁극적으로 중립의 정당화는 외국의 여론에 있지 않다…. 정당화는 무엇보다도 중립에서 이탈하면 우리의 국가적 성격을 상실할 것이라는 신념에 있다. ……만약 그러면 우리가 직접적

인 영향을 갖지 못하는 국제적인 큰 정치적인 분쟁이나 군사적
인 충돌의 측면에 서서 작으나마 유용한 역할을 할 수 있는 가
능성을 포기하게 될 것이라는 신념에 있다. 그러나 이 신념과
더불어 중립국에 의해서만이 수행될 수 있는 임무와 사명을 다
할 준비를 언제나 갖추려는 의지가 따라가야 한다.[4]

4. Max Petitpierre: 〈*Is Swiss Neutrality Still Justified?*〉 New Helvetic Society,
Switzerland Present and Future. 1963. p. 63.

14. 스위스 중립의 지주 2
국민적 무장으로 자기수호

적십자와 더불어 또 하나 스위스의 중립의 지주가 되는 것은
그 군대다. 양차 세계대전에서 같은 영세중립국인 벨기에가
두 번씩이나 독일의 침략을 받았다는 사실을 기억한다. 스스
로 지키지 못하는 나라는 중립을 해도 소용이 없다는 것을 스
위스 사람들은 체험하였다. 과거 삼십년전쟁과 나폴레옹전
쟁 때 유럽의 열강의 군사들이 스위스 자신이 전장에 가담 안
해도 아무 변명도 없이 스위스 땅을 통과하던 것을 기억한다.

스위스의 민병 제도에 대하여는 이미 앞에서 살핀 바 있다.
자기 나라는 자기 스스로 지켜야 된다. 스위스는 지난 백칠십
년 동안(1798년 나폴레옹 침입 이래) 외침을 받아 본 일이 없
고, 백오십 년 동안(1815년 비엔나조약 이래) 영세중립을 지
켜 왔다. 그러나 오늘날 서유럽에서 인구와 면적 비례로 스위

스만큼 군비에 열중하는 나라도 없다는 것이 정평이다. 현재 서유럽에서 가장 군비에 열중하는 서독의 비례로 한다면 스위스는 두 개 사단이면 된다는 것이고, 또 소련의 비례로 하더라도 다섯 개 사단이면 된다는 것이다. 그런데 오백만 인구로 상시 열두 개 사단을 유지하고 있다. 만약 서유럽의 제국이 이 비례로 군비를 한다면 삼백육십 개 사단을 가지는 계산이 된다 한다.

이렇게 상대적으로 큰 병력을 유지하자면 막대한 국방비가 필요할 것이 짐작된다. 과연 스위스 연방정부의 예산(1962년)의 삼십오 퍼센트가 국방비에 쓰인다. 이것은 연방 조직 때문에 치안, 교육, 보건 등 활동을 칸톤 정부가 하고 연방 정부의 기능이 제한된 데에도 관계가 있다. 그러나 이 국방비는 국민총생산의 삼 퍼센트 밖에 안 되니 이것은 서유럽에 있어서는 가장 낮은 비율에 속한다. 이것은 무엇을 의미하느냐 하면, 남의 나라에 비하여 가장 적은 돈을 들여서 가장 많은 군대를 유지한다는 것이다. 스위스의 일부 식자들은 스스로 이것을 '군사적 기적'이라고 부른다.

그러면 이 '기적'은 어떻게 가능한 것인가? 그것은 한마디로 하면 스위스 특유의 민병militia제도 때문이라고 할 수 있다. 군대는 직업군인으로 구성되지 않는다. 사병은 물론, 장교, 하사관까지 직업적인 그룹을 이루지 않는다. 군인은 평상시 사회에서 직업을 가진 민간인이다. 예외로 직업군인은 소수의 훈련요원과 사단장급 이상의 지휘관들만이다, 신병의 훈련은 열아홉 살 또는 스무 살 때 있다. 그 후 마흔여덟이 될 때까지 매년 삼 주간의 재훈련이 실시된다. 장교들도 매년 재훈련을 받는데, 그 기간은 사병들보다 길다. 장교들은 실제 훈련 기간 외에도 자기 부대원들과의 연락에 많은 시간과 노력을 과외로 수행한다. 이런 의미에서 보면 민병제도의 운영은 마치 클럽의 운영처럼 다분히 자치적이고 명예직 같은 데가 있다. 중앙청의 고급관리나 고등학교 교장 같은 사회의 요직에 있는 사람도 매년 예외 없이 이 군사훈련을 받는다. 그들의 경우는 대개 지휘관급에 속하기 때문에 더 틀림없이 자기 의무를 수행하기 마련이다. 부대의 구성이 일정하게 되어 있기 때문에 장교는 항상 자기 부하가 누군지 알고 또 사병은 자기의 상관이 누군지 알고 있다. 사병에게도 평소에 과외 의무가 주어져서 매달 몇 시간씩 사격연습을 하여야 한다. 주말에 소총을 메고 자전거로 사격장으로 향하는 광경은 스위스 민병제도의 상징적인 풍경이다.

이런 제도가 소기의 효과를 갖자면 거기에는 몇 가지 기본적인 조건이 구비되어야 한다. 첫째는 지리적 조건이다. 국토가 집약적이라야 된다. 스위스는 워낙 작은 나라(한반도의 오분의 일)인 데다가 교통과 통신망이 고도로 발달되어 있어 집에서 훈련 장소까지 기차로 평균 두 시간 이내의 거리밖에 안 되고, 보통우편이 하루 이내에 다 배달되고, 전화는 전국적으로 다이얼로 연락이 된다.

그러나 지리적 조건과 교통·체신의 발달만 가지고 민병제도가 되는 것은 아니다. 더 정신적인 토대가 필요하다. 전 국민이, 이것이 내 나라요 이것이 내 군대라는 정신이 강하다. 군대는 일부 직업군인들의 것이 아니라, 바로 내 것이요 내 남편의 것이요 내 아버지의 것이라는 관념이 매우 강하게 생활화되어 있다. 어느 일요일 저녁에 스위스의 아무 정거장에나 나가 보면 이 풍정을 목격할 수 있다. 군사 훈련이 월요일에 시작하기 때문에 집을 떠나 영내로 들어가는 민병들과 그들을 전송 나온 가족들로 흠이 붐빈다. 매년 한두 번씩 있는 일이라서 거기에는 조금도 석별의 정이 없고 그저 사업 때문에 출장 가는 기분밖에 없으며, 오히려 가족들에게 군복 입고 영내에 들어가는 남편이나 아버지가 자랑스럽게 여겨지는 그런 풍경이다. 스위스 사람들이 자기네 군대를 얼마나 자랑스럽게 생각하느냐 하는 것을 보자면 열병식에 가면 볼 수 있다. 아마 세상에 군대의 열병식에 관중이 입장권을 사 가지고 들어가는 데는 스위스 이외에는 매우 드물 것이다. 나는 재작년에 취리히 근교 뒤벤도르프 연병장에서 거행된 열병식에 운집한 이십만 관중이 입장료(운동시합과 맞먹는 요금)를 내고 들어와서 보는 것에 크게 놀란 일이 있다. 나만 아니라 옆에 있는 중립국 오스트리아의 신문에서 어떤 군사 평론가가 그 사실을 매우 부럽게 보도한 것을 읽은 일도 있다.

직업적인 상비군으로는 도무지 기대할 수 없는 민중의 태도라고 할 수 있겠다. 그 군대 행렬 속에 자기의 남편과 오빠와 아버지를 발견하는 민중의 마음 속에는 가정과 군대와의 거리가 매우 가까울 수밖에 없다.

스위스 군대에 있어서는 사회의 군대에 대한 통제의 문제는 아예 일어나지도 않는다. 한 가지 특색은 평시에는 장군을 두지 않는다는 사실이다. 최고 계급이 대령이다. 여단장은 준장급 대령이고 사단장은 사단장급 대령이고 군단장은 군단장급 대령이라는 긴 칭호로 부른다. 전시 또는 동원시에는 연방의회가 고급 장교 중에서 한 명을 장군General으로 선출한다. 이차대전까지 역대 네 명의 장군밖에 없었다 한다.

상비군에 비하여 민병제도는 그 조직에 있어 엉성할 수밖에 없고, 그 장비나 훈련에 있어 질적인 결함이 없을 수 없을 것이다. 그러나 스위스의 민병조직은 워낙 왕성한 국민적 사기를 토대로 하고 있다. 기술적인 국민을 소재로 하기 때문에 유럽의 다른 직업 군대에 비하여 손색이 없다는 것이 자타의 평판이다. 그러므로 이차대전 때에는 지리적으로 보아 나치스 독일군대가 프랑스와 이탈리아 전선으로의 최단 보급로 상에 놓여 있는 스위스에 응당 침입할 정세에 있었는데(사실 전후 연합군에 의하여 압수된 문서에는 나치스군 참모본부에 그런 작전계획이 있었다고 함) 육십오만 명의 사기왕성한 스위스 민병이 사방의 국경을 견고히 수비했기 때문에 저 나치스 군대의 침입을 미연에 방지할 수 있었다는 것을 스위스 사람들은 오늘날까지 되풀이해 마지않는다. 아무리 영세 중립국이라고 하지만 같은 입장에 있으면서 일차대전과 이차대전 두 번 다 외군의 침략을 면하지 못한 벨기에의 운명을 스위스 사람들은 결코 잊지 않았던 것이다.

스위스 국민의 국방에 대한 열의와 스위스 군대의 기술 정도는 그들의 원자무기에 대한 태도에서도 엿볼 수 있다. 근대전의 양상에 비추어 아무리 작은 나라라 할지라도 자체의 방위를 위해서는 원자무기를 가져야 되겠다는 생각이 대두되자 일부 여론은 이에 대한 맹렬한 반대 운동을 일으켰다. 그래서 1962년 봄과 1963년 봄 두 번에 걸쳐 "장래 어떤 때에도 스위스 군대는 어떠한 종류의 원자무기도 가져서는 안 된다"는 요지의 조항을 헌법에 넣자는 민간 발의의 국민 투표가 있었는데, 두 번 다 압도적인 다수의 투표자와 칸톤의 반대에 부딪쳤다. 다시 말하자면 대부분의 스위스인들은 자기네 군대가 원자무기를 가질 길을 넓게 열어 놓은 것이다. 이 사건은 상당한 국제적인 관심도 자아내었다. 특히 소련이 스위스 국민의 이런 적극적 동향에 대하여 유쾌하게 생각하지 않았던 것은 물론이다. 그래서 이 무렵 그 문제를 가지고 소련 정부의 기관지인 이스베스티아지紙와 베른에서 정부 노선을 가장 잘 표시한다는 데르 분트지紙 사이에 날카로운 지상설전紙上舌戰이 벌어진 사실까지 있다.

이제 우리는 1815년 파리조약 이래 스위스의 영세중립에 가장 큰 시련을 주고 또 그것을 가장 훌륭하게 극복해낸 이차세계대전 중의 발자취를 좀더 자세히 보자. 유럽대륙의 모든 나라가 나치스 독일 침략과 점령 하에 들어간 뒤에도 스위스가 어떻게 중립국으로서 남아날 수가 있었던가. 여기에 있어서 스위스의 군대가 어떤 역할을 했던가 살펴보고자 한다.

이차 세계대전이 발발하기에 앞서 나치 독일이 같은 독일 민족의 국가인 오스트리아를 강압으로 합병했을 때 벌써 스위스는 생존의 위협을 느끼기 시작했다. 스위스를 둘러싼 나라의 수가 넷(독일·프랑스·이탈리아·오스트리아)으로부터 셋으로 줄어들었다는 사실이 벌써 대외적 균형을 파괴하는 일이었다. 이 충격은 스위스 국회로 하여금 엄숙한 식을 거행하고, 스위스는 결코 오스트리아와 같은 운명에 빠지지 않을 것이며 외침外侵이 있을 경우 한사코 이를 막겠다는 결의를 안팎에 선포하였다. 곧이어 나치 독일이 체코슬로바키아의 독일어 사용지방을 흡수했을 때에는 스위스 연방정부는 벌써 모든 교통망의 요소에 폭발장치를 부설하게 하였다.

식량과 공업원료의 대부분을 수입해야 하는 약점이 있기 때문에 실제 전쟁이 시작하기 일 년 반 전부터 전시 경제 동원의 기구를 비밀리에 편성하고 동원 준비에 착수했다.

1939년 8월 28일 프랑스·영국·독일 세 나라가 군대 동원령을 내렸을 때 스위스는 국경 경비군을 소집했고, 다음날 29일에는 준전시 동원령을 내리고, 30일에는 긴급 소집된 의회가 행정부에 비상권한을 부여하는 동시에 육군 총사령관인 장군General을 선출했다. 이때 선출된 사람이 앙리 기상Henri Guisan 장군이었다. 31일에는 연방평의회는 열강에 대하여 스위스는 엄정 중립을 지키겠다는 뜻을 선포하고 다시 9월 1일에는 그 이튿날을 기하여 총동원령을 내릴 것을 선포하니, 마

침내 2일에는 사십오만 장정(전 인구의 십 퍼센트가 넘는다)이 군에 소집되었다.[5]

중립국으로서 얼마나 강한 국방태세를 유지했으며, 민병제도를 가지고도 얼마나 빠른 동원속도를 과시했던가.

전쟁이 시작된 다음해인 1940년 초여름엔 벌써 프랑스가 나치 독일에게 무릎을 꿇었다. 무솔리니의 이탈리아는 독일의 괴뢰에 지나지 않았다. 이러고 보니 조그만 스위스는 동서남북으로 나치 독일에 포위되고 말았다. 넷에서 셋으로 줄어들었던 국경선이 이제 하나의 커다란 원이 되었다. 프랑스를 눕힌 이상 편리한 교통망을 장악하고 있는 스위스는 독일의 마음먹기에 따라 언제나 아무렇게나 처리할 수 있을 만한 형편이었다.

스위스 국민의 심리가 요동하기 시작한 것은 물론이다. 동북쪽에서 서남쪽으로 피난하는 사람들이 많이 생겼다. 식량이 큰 문제였다. 수입하지 않고는 한 해도 견딜 수 없다.

정치적으로 중립의 설 바탕이 매우 엷어졌다. 막강한 가상적군 앞에 군사적으로도 무한한 원형의 국경선을 장기간 지킨다는 것은 지난한 노릇이었다. 국민을 납득시킬 만한 장기적인 대책이 있어야 난관을 뚫고 나갈 수 있는 국면에 도달했었다. 이때에 나온 두 가지 유명한 방침이 소위 '국가요새 계획Le Réduit National'과 '바알렌 플랜La Plan Wahlen'이었다. 전자는

---

5. Piere Béguin, *Le Balcon sur l'Europe; Petite Histoire de la Guerre*, 1939-1945, pp.83.

국방계획이고 후자는 전시농업계획이었다.

'국가요새계획'이란 대강 이러한 내용이었다.[6] 군대가 알프스 속으로 후퇴하고 이 천연요새로의 모든 접근로에 폭발장치를 하여 요새화하는 방어계획으로 이렇게 함으로써 몇 해 동안이라도 버틸 태세를 갖추고 침략자로 하여금 엄청난 희생이 따르는 장기 소모전을 각오케 함으로써, 감히 접근을 시도하지 못하게끔 하는 예방적인 작전 계획이다.

이것은 국민적 긍지와 명예에 합치되는 것이었고, 먼 장래를 내다보는 방책이었다. 만약 스위스 군대가 장기간 저항하고 만약 국토의 한구석이라도 자유롭게 보전하여 국기를 휘날리게 된다면, 이런 희생을 치른 뒤에 해방의 날에는 온 나라가 자유를 회복할 것이라는 전제를 두고 있었다. 군사력과 도의력을 아울러 요하는 국방계획이었다.

이런 구국의 방책을 천명함에 있어서 군사지도자는 국민의 상상력에 호소할 만한 분위기를 창조하는 것을 잊지 않았다. 1940년 7월 25일 앙리 기상 장군은 일대 군사회의를 소집했다. 군단장으로부터 대대장에 이르기까지 모든 고급 지휘관들이 참석했다. 회의장소로는 1291년 스위스 건국의 결맹이 이뤄졌던 뤼틀리의 초장을 택했다. 이 역사적인 장소에서 별을 단 유일한 장군은 모든 지휘관들(그들 거의 전부가 민간직업을 가진 민병이라는 것을 상기할 필요가 있다) 앞에서

---

6. Pierre Béguin, 앞의 책, pp.174.

여하한 외부의 침략에도 저항할 결의를 재천명하고, 내부로부터의 패배주의를 경고하고, 희망과 신념을 가지고 국토와 독립을 수호할 방안으로 자기의 국민요새계획을 개진하였다. 이 연설은 그 극적인 분위기와 뤼틀리가 상징하는 애국적 의의로 말미암아 전 군대 지휘관과 사병의 사기를 충천시켰을 뿐 아니라 동시에 전 국민에게 놀라운 감명을 주어, 새로운 저항의식과 결속을 조성하는 계기가 되었다. 그 순간부터 기상 장군은 완전히 스위스 국민의 혼을 사로잡아 절대적인 신뢰와 존경을 한 몸에 모아, 문자 그대로 국민적 영웅이 되었다. 이런 일은 감상이 적고 권위를 의심하는 스위스 국민성으로는 더욱이 진기한 현상이었으나, 평시에 군사교육과 농학을 겸영하던 평민적인 전시戰時지도자는 이런 탁월한 지도력으로 비상시에 있어서의 국민적 단결에 지대한 공헌을 하였다. 장군은 전후에 은퇴한 후 고인이 되었지만 오래 구국의 은인으로 기억되고 있다.

이런 훌륭한 군사지도자와 나란히 유능한 경제지도자를 동시에 가졌던 것은 스위스를 위하여 매우 다행한 일이었다.

이 사람은 그때까지 별로 사회에 이름도 없던 취리히공과대학 출신의 농업전문가인 바알렌F.T.Wahlen 교수였다.

이미 적은 바와 같이 스위스는 그 지리적 조건 때문에 평시에도 식량의 절반 이상을 수입해야 된다.[7] 이 사정은 특히 전시에 있어서 긴박하게 됨은 더 말할 것도 없다. 목장이 많으니 우유와 육류는 큰 문제 없지만 빵의 원료인 밀, 보리와 식유食油가 가장 큰 문제였다. 통계에 의하면 1938년에 빵의 국내 생산은 전체 소비량의 삼십칠 퍼센트에 불과했고 식유는 전혀 국내생산이 없었다. 무위하게 있다간 나치 독일한테 주머니 속에 있는 쥐처럼 꼼짝 못하고 질식당하고 말 것이었다. 이 긴박한 사태에 대비하여 획기적인 식량증산계획으로 등장한 것이 다름아닌 바알렌 플랜이었다.[8] 그는 벌써 국토 전체의 토양분석을 토대로 하여 세밀한 개간계획과 작물 계획을 세워 이것을 강제성을 띤 의무적인 정책으로 밀고 나갔다. 한마디로 요약해서 밀과 감자를 심는 경작 면적을 십팔만 헥타르로부터 오십만 헥타르로 증가하자는 야심적인 계획이었다.

산기슭과 냇가를 개간하고 작은 숲은 모두 들어내고, 심지어 공원·사유 정원·운동장의 잔디까지 갈고 감자와 밀, 보리를 심었다. 경작은 권리가 아니라 강제적인 의무가 되었다. 농민들은 마음대로 자기네 작물의 종류를 선택할 수 없었다. 모두 얼마의 면적에 무슨 곡식을 심으라는 명령을 받고 그대로 하였다. 도시민들도 교외에 나가서 조그만 채소밭을 가지는 것을 장려했다. 이 습관은 지금까지도 남아 있어, 도시 주민들이 주말에 나가서 흙을 만지는 조그만 채소밭 마을을 모

---

7. 이차대전 전(1934-1938년)에 있어서 식량의 자급도는 칼로리를 기준으로 하여 52%에 불과했다.

8. F. T. Wahlen: *UNSER BODEN Heute und Morgen*, Zürich. 1943. (이차대전 중 연설집)

든 도시 주변에 볼 수 있다. 국내산이 전혀 없는 식유를 확보하기 위하여 산 옆을 깎고 콜라 종자를 심어 호숫가의 경치를 다른 것으로 만들었어도 무관했다. 이 모든 일은 정밀한 칼로리와 비타민 계산에 의거해서 한 것이었다.

이 계획은 성공했다. 농경면적인 십팔만 헥타르로부터 삼십육만 헥타르로 두 배로 확장되고, 감자 생산량이 팔만 차량에서 십팔만 차량으로, 야채는 이만 삼천 차량에서 오만 차량으로 증산되었다. 가장 중요한 빵의 원료인 맥류 경작면적은 일만 사천 헥타르로부터 칠만 오천 헥타르로 다섯 배 확장되고 식물성 식유작물의 경작면적은 거의 없던 것이 일만 헥타르나 생겼다. 이런 결과를 가져오느라고 한편에서는 목장을 줄였기 때문에 가축은 그 수가 줄고 따라서 육류와 우유도 줄어, 세계에 유명한 낙농업의 나라인 스위스도 전쟁 중에는 우유, 버터, 치즈를 엄격히 배급(특제 치즈는 독일에 수출하여 그 대신 공업 원료를 수입했다)하였지만 감자와 야채, 과일은 자급자족이 되어 배급의 대상이 되지 않았다고 한다.

'바알렌 플랜'의 성공 비결은 그것이 전문적으로 우수한 작물계획이었다는 데에만 있는 것이 아니다. 강제성을 띤 농업통제 계획을 갖고도 착실한 공보활동을 통하여 국민을 납득시키고, 한걸음 더 나아가 국민들의 적극적인 지지를 받았던 점에 있었다. 그는 전쟁 중 어느 연방평의원(장관)보다도 국민들에게 더 유명했다. 논자는 말한다.

바알렌 플랜은 비단 스위스 국민에게 긴박한 식량난을 해결해 준 데 그치지 않는다. 일반 국민 여론의 입장에서 볼 때 그것은 또한 국민들의 미래에 대한 신앙을 걸 수 있는 희망의 한 원천이었다. 그 심리적 성공은 물질적 성과에 결코 못지않다.[9]

　이 플랜의 수립자요 실천자인 전시의 영웅은 이차대전 후 세계식량기구FAO의 차장으로 고빙雇聘되어 갔다가 다시 연방평의원으로 선출되어, 현재 육년 째 스위스 연방정부의 외무부 장관직에 있다(대통령 일회 역임). 이렇게 군사와 경제 양면에 있어 적절한 시책을 가지고 탁월한 지도력에 따라 국민들이 최후의 일인까지(전쟁 절정기에는 육십오만까지) 총을 들고 최후의 한 평까지 갈아 감자를 심는 필사적인 노력을 했기에, 이차대전 절정기(1943년부터) 히틀러 군사가 이탈리아전선에서 연합군과 사투를 벌이고 있는 동안에도 스위스가 독일과 이탈리아 전선을 연결하는 최단 보급로임에도 불구하고, 나치 독일군이 침략에 따르는 엄청난 인력·물자·시간의 손실을 고려했음인지 결국 스위스에 손을 대지 못했다. 이리하여 스위스는 오 년간의 숨막히는 전쟁을 살아내고 국토의 보전과 중요한 영세중립의 기록을 새로이 했던 것이다.

　이차대전은 스위스의 중립에는 커다란 시련이요 또 승리였

---

9. Pierre Bèguin, 앞의 책, p.198.

다. 이 국민적 체험에 관하여 현재 스위스에서 유수한 펀디트 중의 한 사람인 가제트 드 로잔Gazette de Lausanne지의 주필 피에르 베강Pierre Béguin 씨는 〈유럽의 발코니—이차대전 중 스위스 소사小史〉란 제목의 저서 말미에 다음과 같은 변명과 주장이 섞인 말을 하고 있다.[10]

『유럽의 발코니에 높이 앉아 스위스는 전쟁을 관광했다. 전사들의 탄환은 그 위에 떨어진 적이 거의 없다. 전쟁이 끝났을 때 그 땅은 상처를 입지 않았고 그 생산 시설은 해를 면했고 그 정치적 독립은 온전하게 남았다.

혼자 전쟁을 면했다고 남들은 부러워했다. 때로는 비난도 받았다. 단결심이 부족하다고, 편을 들지 않는다고, 남들이 다 겪는 난리를 겪지 않았다고…….

작고 약한 나라로서 스위스는 큰 역할을 맡을 수는 없었다. 그래서 그저 자기 의무라고 생각되는 일을 하였다. 닥쳐올 침략자에게 그 영토를 향한 군사 작전은 손실만 많고 아무런 이득도 가져오지 않을 것이라는 점을 과시하는 일을 게을리하지 아니하였다. 이리하여 스위스로서는 국가의 독립이란 거래의 대상으로 삼을 수 없다는 것을 실증했다.

운이 좋았던 것도 사실이다. 그러나 주어진 운수를 이용할 줄도 알았다. 그 시민들은 매일 매일 남들과 같은 희생을 할 각오를 가지고 절망의 유혹에 굴하지 않고 주어진 일을 하였다. 이것은 실지로 전란을 겪은 이들에게는 아무것도 아니겠지만

---

10. Pierre Bèguin, 앞의 책, pp.280-281..

우리들 스위스 국민에게는 여기에 하나의 교훈이 있다. 그 교훈이 길이 우리의 장래를 경성警醒해 주기를….』

자기 나라는 자기 스스로 지켜야 한다. 스스로 자기를 지킬 힘이 없으면 중립도 소용없다. 이 진리를 스위스 사람들은 일찍이 터득하고 특히 이차대전 중에는 훌륭하게 그것을 실천하였다. 중립이 실속 있는 중립이 되자면 '무장된 중립'이라야 한다는 것은 스위스 사람들의 모토이다. 그들은 작은 나라가 중립하는 것은 강한 나라가 중립 안 하는 것보다 몇 배나 어려운 일이라는 것을 가르쳐 준다. 한편에서 적십자가 밖으로 세계를 향하여 중립국인 스위스란 작은 나라의 구실과 사명을 부여해 준다고 할 수 있다면, 또 다른 편에 방대한 조직과 신무기를 가진 스위스의 군대는 아무도 감히 침입을 못하도록 예방함으로써 안에서 스위스의 중립을 밑에서 받혀 주고 뼈 있는 것으로 만들어 주고 있다. 현재 스위스의 군사 지도자의 한 사람의 말을 빌어 본다.

이 목표(총체적 국방)는 우리에게 엄청난 주문을 준다. 그렇다고 우리는 이론으로만 중립을 내세울 수는 없다. 중립을 내세우자면 거기에 따르는 모든 함축도 받아들여야 한다. 이 함축 속에는 정말 중립을 진지하게 다루는 사람들에게는 그것이 매우 비싸게 치러지는 것이라는 실감도 들어 있어야 한다. 중립한 스위스가 내일의 세계에서 수행할 임무와 달성할 사명을 내내 갖게 될 것이라는 신념이야말로 우리 국민들에게 그들의

스위스 트로겐의 페스탈로치 아동촌

작은 나라를 무장으로 지키는 데 따르는 무거운 짐을 질 의지
와 힘을 부어하는 것이다.[11]

"전쟁은 정치의 연장이다"라는 프로이센의 전략가 클라우
제비츠의 명제를 빌어서 "스위스의 군대는 스위스의 적십자
의 연장이다"라고 바꾸어 놓으면 스위스의 영세중립에 대한
많은 설명이 될 듯하다.

11. Ernst Uhlmann, 〈*Defense of the Nation and of Freedom*〉, New Helvetic Society, 앞
    의 책, p.93.

맺는 말
교훈과 반성

스위스는 하나의 틀 잡힌 나라다. 틀이 잡혔다 함은 완전하다는 뜻은 아니다. 완전한 사람이 없듯이 완전한 나라도 없다. 불완전한 점도 있지만, 한 나라를 이루는 데 있어서 중요한 몇 가지의 요소들을 갖고 있다는 점에서 짜임새가 생기는 것이다.

그 기틀과 짜임새의 근원은 어디에 있었던가? 그것은 다름 아닌 정신과 노력이었다. 스위스의 국가 발생은 자유를 수호하자는 정신에서 비롯되었고, 그 근대화는 장정들의 피로 벌어들인 돈과 종교개혁이 몰아온 개혁정신과 기술과 자본이었다는 것을 우리는 앞에서 보았다. 여기에는 땅이 메마른 것이나 바다가 먼 것이 문제가 되지 않았다. 공업화의 과정은 굴러가는 눈덩어리처럼 연쇄적인 것이다. 알프스 산속에라도 한 번 공업화를 이룩하여 놓으니 그 다음에는 전 세계를 상대로 교역할 필요가 생기고, 그러자니 스위스 사람들은 바깥 세계에 진출하고, 외국 사람들은 스위스에 찾아와서 교역도 하고, 자연도 보아 주고, 이러는 동안에 통로의 역할과 중립의 자세가 생겼다. 이 과정에서 비록 내부에서는 서로 싸우는 일이 있었다 하더라도 집안싸움은 바깥에 나가서까지 하지 않는 자제自制를 배워서 오래 자립적인 자세를 유지한 결과, 마침내 남들이 그 자세를 인정해 주게끔 되었다. 바깥의 문제에 휩쓸려 들어가지 않으니 내부의 정치와 경제가 안정되고, 따라서 돈과 정부가 안정되고, 그 덕택으로 국제기구와 외국의 돈이 흘러 들어오고 그 힘으로 경제는 더욱 번영하여 마침내는 남의 노동자들까지 들어와서 돈을 벌어 가게 된 것이다.

이러한 연쇄작용은 하루아침에 일어난 것이 아니다. 오랜 시일을 두고 점차적으로 발전한 것이다. 처음에는 가난과 수모에서 일어섰다. 이렇게 일어서게 만든 힘은 자력으로 벌어들인 적은 돈과 개혁정신이었다. 피와 땀으로 번 조그만 밑천과 주위 환경에서 생겨나는 계기를 잘 결합시켜서 힘차게 살아난 것이 머슴 '울리'이며 또한 스위스였다. 가난과 수모를 한탄하지 않고 그 속에서도 스스로 할 수 있는 일을 하고 자기의 밑천을 살려 본 것이다. 이것이 우리가 배울 만한 국가 발전의 근본 원리이다.

우리는 우리의 밑천이 무엇인가 재발견하여야 하겠다. 밑천이 없다고 하지 말자. 밑천은 반드시 조상의 유산만이 아니다. 동시대인들이 이룬 것도 밑천이다. 1965년 우리는 해방 후 이십 년을 맞이한다. 이 시점에서 우리는 각 분야에서 지난 이십 년을 회고하는 많은 유익한 글들을 읽는다. 그러나 경악할 만한 사실은, 이 글들의 대부분이 과거 스무 해 동안 지나온 일들을 정죄定罪하는 조調의 것임을 간과할 수 없다는 것이다. 그 동안 역경과 실망 속에서도 '우리가 세운 것도 혹시 있지 않았는가' 하는 태도의 글을 찾아보기가 매우 드물다. 물론 그간의 사회의 총체적 업적이 많지 못한 것도 의심할 수 없겠다. 그렇다고 업적이 전무한 것도 아닐 것이다. 이 사회가 우리의 사회이고 이 나라가 우리나라일진대 우리의 말과 글들이 어찌 항상 남의 사회, 남의 나라를 다루는 식으로만 될 수 있겠는가! 나는 여기에서 과거 이십 년간의 우리 사회 내부의 적극적인 요소와 업적들을 매거하려고 하지 않는다. 다만 그런 것들도 있었고, 또 우리의 장래의 발전을 위하여 귀한 밑천이 될 수 있다는 것들이라는 사실만 강조하고 싶다. 이 나라가 '저들의 나라'가 아니고 '우리의 나라'라는 자각이 강해질 때에 비로소 그 업적들은 '저들의 잘못'이 아니라 '우리의 업적'으로 기억되고 공동의 유산이 되고 밑천이 될 수 있으리라.

스위스는 작은 나라다. 한국도 작은 나라다. 원래 작은 나라는 큰 나라보다 살아 나아가기 어렵다. 그러나 작은 나라에게도 사는 길은 있다. 스위스는 그 한 예를 보여주고 있다.

그렇다고 스위스의 흉내를 낸다고 될 노릇도 아니다. 예킨 대 우리도 스위스처럼 연방제도를 채택하고 중립을 선언한 다고 극동의 스위스가 되리라고 기대해서는 매우 위험한 속 단이다. 이것은 기적을 바라는 패배주의다. 국가발전에 안이 한 지름길은 없다. 짜임새 있는 사회가 부럽다고, 그 짜임의 일부분을 본따 온다고 한꺼번에 온전하게 될 수는 없다. 우리 는 남의 나라의 제도에서 배우려고 할 때에 피상적으로 그 형 틀만 배우려고 하지 말고 그 근본부터 배워야 하겠다. 무릇 국가발전은 자기발견에서 시작하여 자기발전으로 이끌어 나 아가야 한다. 자기발견에 대해서는 이미 그 필요성을 역설하 였거니와 이제 자기발전, 특히 국민정신의 함양에 관련하여 작은 나라 스위스에서 배울 점을 들어 보자.

첫째로 우리는 실용實用을 배워야겠다. 강자의 약자에 대 한 너그러움을, 다수의 소수에 대한 양보를, 순서가 오면 자 기의 자리를 다른 사람에게 물려주는 일도 배워야겠다. 나라 의 역사가 마치 내가 일을 맡았을 때부터 시작한 것처럼 착각 하지 말자. 전에 일을 맡은 사람들의 업적도 찾아보는 겸손을 갖자. 정부는 민간의 움직임을 도와주고 기성세대는 새 세대 를 키워 주자. 모든 역사를 내가 다 창조해야 된다고 너무 서 두르지 말고 창의와 노력으로 선배들이 한 일에 추가하여 더 쌓아 올리자. 남보다 좀더 노력하면 될 만한 일을 내세워 그

것을 힘껏 해 보자. 역사를 절단하지 말고 계승하여 발전시키자.

둘째로 단결團結을 배워야겠다. 소수의 다수에 대한 타협을, 민중의 지도자에 대한 받드는 마음을 배우자. 정부가 일할 수 있도록 돕자. 정부가 알맞은 프로그램을 내세우면 내용이 빈약하다고 비꼬기 전에 같이 밀어 보자. 자리에 앉지 않은 사람들은 자리에 앉은 사람은 다 나라를 팔아먹는다고 의심하는 생각을 고치자. 감정으로 융합하지 못할지언정 이성으로 이해하자. 젊은 세대는 선배들을 알아보자. 선배들의 업적을 덮어놓고 헐지 말자. 좋은 업적을 힘써 찾아보자. 찾으면 그것을 전통으로 삼자. 한 사회가 기성세대와 과거의 사람을 다 불구화시키는 것은 커다란 낭비이다.

셋째로 참여參與를 배워야겠다. 지식인들이 사회에 뛰어 들어가는 일을 배워야겠다. 벌써 너무 많이 참여했다고 그릇 생각하지 말자. 아직 부족하다. 근대화는 가치의 창조를 수반해야 한다. 새 가치의 매개자는 지식인들이다. 더 큰 창조를 위하여 더 많은 참여가 필요하다. 한편 지식인들은 상아탑 속의 고답高踏과 조소嘲笑를 버려야겠다. 공직을 한번 가져 본 사람은 다 때 묻은 사람이고 어용학자라고 규정해 버리는 낡은 생각을 버리자. 반대로, 지식인들의 개입을 백안시하는 태도도 버려야겠다. 지식인은 군을 마치 남의 군대처럼 경원敬遠하는 태도를 버리고, 군대는 학생들을 대적으로 생각하는 경향을 고쳐야겠다.

각 종교는 각기 내부의 종파적인 통합을 서두르고 다른 종교와의 외부적 대화를 시작해 보자. 또 지식인들은 실업가들을 천시하고 정치인들을 질시하는 습성을 버리고 그들과 허심탄회하게 나라를 걱정하는 대화를 가져 보자. 지식인들이 보는 눈과 생각하는 머리를 가졌다고 자부한다면 저들 실업가와 정치인들은 경험 있는 손과 실행하는 힘을 가졌다는 것을 기억하자.

넷째로 근면勤勉을 배워야겠다. 부지런히 일하고 실력을 쌓은 사람에게 상과 보답이 가야 한다. 일하려는 사람을 방해하고 실력 있는 사람을 꺾는 악습을 고쳐야겠다. 법문과法文科를 다녀야 하고 일류학교를 나와야 한다는 생각을 버리자. '쟁이'를 천시하는 관념을 버리자. 가치를 바꾸자. 대학졸업장보다 기술자격증이 더 존중되는 기풍을 만들자. 실업교육을 실속 있게 일으키자. 교육은 무릇 선비가 가르쳐야 하고, 학교는 다 교육을 담당하는 기관에서만 관리해야 한다는 명목주의를 고치자. 배움과 일터를 연결시키자. 학교를 일에 가까이 가져가자. 사업가를 헐뜯지 말고 그 역할을 존중하자. 일자리를 더 많이 베풀고 일을 더 귀하게 만들자. 물건을 하나라도 더 만들어 아껴 쓰고 수출에 힘써서 돈을 모으자. 사업가들은 사업은 집안끼리 하는 것이라는 좁은 머리를 버리자. 학생들이 떠들면 비로소 장학금을 마련할 생각을 하지 말고 평소부터 기업인으로서의 사회적 안광眼光을 넓히자.

다섯째로 검약儉約과 저축貯蓄을 배워야겠다. 체면을 지키기 위하여 과용過用하는 버릇을 고치자. 결혼식에 돈을 가지고 가야 하는 풍습을 바꾸자. 어린이들에게 저금통장을 선사하는 운동도 있음직하다. 도보를 즐겨하고 자전거 통행의 길을 열자. 화폐를 찍어내서 인심을 사는 일을 그만두자. 돈을 값있게 만드는 것을 방침으로 삼자. 값있는 돈은 다른 돈을 끌어 오니까……. 이것이 부강의 기초다.

이상을 요약하면 개인생활에 있어서 부지런하고 검약하고 저축하는 기풍이 생기고, 사회생활에 있어서 너그럽고 양보하고 이해하고, 공동의 운명을 나의 운명으로 생각하고, 사회에 참여하는 뜻있는 시민이 많아지면, 그때에 비로소 식산殖産과 단결이 생길 것이다. 이것이 국가발전의 첩경이요 우리가 스위스에서 배울 교훈이다.

눈

눈
베른 오벌란드
클라이네 샤이텍 마루턱
山頂도 峽谷도 다 덮은
위와 아래 하나로 이은 눈.

알프스의 노엘
엊저녁 어린것들이 기다리던
傳說의 老人이 다녀간 길을
절절절 젊음이
圓形의 눈바람을 일으키며
구름 속에서 내려와
구름 속으로 미끌어 내려간다.
저 구름 위에 숨은
융프라우 三峰
사람이 人間임을 일러 주는
크디큰 눈 屛風이
몽롱한 장막 속에 숨었으니
안 보임이 보임보다 더 神祕하다.

지나간 三年
巡禮者를 어찌 다 헤아릴까
神託을 求하는 行人

知耳順의 木鐸
失意의 革命兒
諫台의 武人
南國의 歌人
北國의 哲學徒
정다운 끼리
그리운 어버이.
지금 저 밑에 牧場엔
소 방울 소리도 없네.

나는 이젠 하직하련다
눈 속에 덮인 융 프라우.
岩石과 草木을 하나로 덮은 눈
回想과 希望을 이어 다오.
꿈을 아는 靈峯이여
꿈을 펼 때까지
靈感으로 지켜 다오
다시 올 때까지.

1964. 12. 26,
Kleine Scheidegg에서*

DER SCHNEE

Der Schnee über dem Berner Oberland,
Sachte fallend an der Kleinen Scheidegg,
Die Gipfel und die Täler bedeckend,
Macht den himmel und die Erde eins.

In den Alpen am Weihnachtsmorgen,
Über dem Wege des Legendenalten,
Den die Kinder so fröhlich erwartet haben,
Gleitet nun die bunte Jugend
Von den Wolken heraus und in die Wolken hinunter,
Runde Schneekreise aufstäubend.

Noch über den Wolken erheben sich die drei Jungfrauspitzen,
Die ungeheuren Schneewände, die lehren uns nur Mensch zu sein.
Versteckt hinter der ungesehenen Leinwand,
Erscheinen sie noch geheimnisvoller.

Ich will nun von dir Abschied nehmen,
Du schneebedeckte Jungfrau.
Wie der Schnee die Felsen und die Pflanzen umfaßt,
So verbindest du meine Erinnerungen und hoffnungen.

Du, himmlische Spitze, die meine Träume kennt,
Bewahrst mich voller Eingebung
Bis wir uns wiedersehn.

(26 Dezember 1964)

*Abschiedsgedicht des 1. koreanischen Botschafters in der Schweiz,
Herrn Hahn-Been LEE, an die Schweizerische Korea-Vereinigung.
Vorgetragen an der Abschiedsparty des Stammes Bern u Umgebung,
am 20. Januar 1965 im Restaurant Bürgerhaus*

---

* 주최측이 이 자작시를 번역해서 송별행사 리플릿에 독어 고어체인 블랙레터로 실
  은 것이다.

저자 소개 – 덕산(德山) 이한빈(李漢彬)

서울대학교 문리과 대학, 하버드대학교 행정대학원·국방대학원 졸업.

기획처 예산국 제1과장, 재무부 예산국장, 재무부 차관 역임.

영국여왕 엘리자베스2세 대관식 국무총리 수행(隨行) 참석.

이승만 대통령 방미(訪美) 수행, 경제사절로 수차(數次)

미국 및 유럽 10개국 방문.

서울대학교 문리과대학 정치학과 강사, 서울대학교 행정대학원 강사,

연세대학교 대학원 강사 역임.

주(駐) 스위스대사, 주 오스트리아 대사, 주 바티칸 공사,

주 유럽공동시장(EEC) 대표부 대사 역임.

미국 동서문화교류센터(EWC) Senior Scholar(현)

―1965년 작성

작은 나라가 사는 길

스위스의 경우 – 李漢彬

발행일 2020년 3월 10일 **발행인** 李起雄

발행처 열화당 영혼도서관 **전화** 031-955-7000 **팩스** 031-955-7010

경기도 파주시 광인사길 25 파주출판도시

등록번호 제10-74호 **등록일자** 1971년 7월 2일

ISBN 978-89-301-0670-2 (03330)

The Way a Small Country Lives: The Case of Switzerland

복간을 위한 후학의 증언과 헌사

강소국의 꿈을 되살리며

'행복한 나라'

김태익(조선일보 논설위원)

사사로운 회상, 55년 전의 유럽에서

최정호(울산대 석좌교수, 미래학회 명예회장)

이 책을 엮으며 떠오른 한두 단상

김형국(서울대 명예교수)

'행복한 나라'

김태익 (조선일보 논설위원)

1965년 3월 10일 스위스 대사 이한빈은 신문사 베를린 특파원인 최정호에게 이런 내용의 편지를 보낸다. 이한빈은 최초의 스위스 주재 한국 대사였다. '작은 나라가 사는 길…'은 한국인 시각에서 스위스의 발전 비결을 정리한 최초의 저서일 것이다. 당시 이한빈은 서른아홉, 최정호는 서른둘 나이였다.

두 사람이 주고받은 오십여 통의 편지가 '같이 내일을 그리던 어제'라는 책에 수록돼 있다. 이한빈의 편지를 받은 최정호는 책 제목에 대한 의견을 보내고 바로잡아야 할 부분 등을 지적한다. 오십 년 전 한국은 일인당 국민소득이 백 달러, 연간 수출액이 일억 달러에 지나지 않았다. 편지에는 '작은 나라' 대한민국이 어떻게 하면 스위스 같은 강소국強小國으로 나아갈 수 있을까에 대한 고민과 열정이 가득하다.

이한빈은 "땅이 좁고 자원도 없는 나라가 살아남으려면 개인은 기술을 가져야 하고 나라는 수출을 해야 한다"고 했다. 그는 "경제적 번영은 정치 안정을 전제로 해서만 가능하다"며 직업적 정객 없이 각자 생업에 종사하며 공동체 미래를 위해 머리를 맞대는 스위스식 정치제도의 장점을 열거했다. 네 가지 언어와 민족이 공존하는 스위스 사회가 삐걱거릴 때면 어김없이 지식인들이 사회 통합을 위해 앞장선다고도 했다.

돌이켜 보면 1960년대 '같이 내일을 그리던' 이들이 두 사람뿐 아니었다. 정부와 사회 각 분야, 국민 개개인이 나라를 일으켜 세우는 데 함께 나섰다. 그 결과 대한민국은 세계가 놀랄 만한 발전을 이룩했다. 본보기로 삼았던 나라들과 같은 '내일'이 손을 뻗치면 닿을 것 같은 날들이 우리에게도 있었다.

엊그제 유엔이 발표한 '2015 세계 행복 보고서'에서 세계 백오십팔 개 나라 중 스위스가 가장 행복한 나라로 꼽혔다. 아이슬란드와 덴마크가 이위·삼위에 올랐다. 한국은 작년보다 여섯 계단 내려간 사십칠 위에 자리했다. 유엔은 해마다 국가 행복 순위를 발표하지만, 올해 이를 받아 보는 느낌은 여느 해와 다르다. 꼭 순위가 내려갔대서가 아니다. 내일을 그리던 날이 어느덧 지난 날이 돼버린 것 같은 답답함 때문일까. 국민 행복을 얘기하기 전에 그걸 가로막는 사회 곳곳의 적폐가 먼저 떠오르고 열정과 에너지가 소멸해 가는 것 같은 걱정이 앞선다. 스위스는 오십 년 전이나 지금이나 여전히 선망의 나라인데 우리는 왜 잠깐 반짝하다가 이렇게 됐나. 다 같이 내일을 그리는 희망의 불을 다시 지피고 싶다.

　—『조선일보』「만물상」2015. 4. 27

사사로운 회상, 55년 전의 유럽에서
이한빈 〈작은 나라가 사는 길〉이 나오기 전후

최정호(울산대 석좌교수, 미래학회 명예회장)

우리들의 오늘을 뜻 있게 받아드리고 너그럽게 자리매김하는 데엔 잠시 뒤를 돌아보고 이제는 먼 어제를 알아보는 것도 다소 도움이 될 것이다. 그렇다면 좀 지루한 옛 얘기도 참고 들어 주셨으면 하고 먼저 부탁드린다.

겨울이었다. 생각해 보니 참 그 때는 모든 것이 겨울이었다.

덕산德山 이한빈 선생을 내가 처음 만난 것도 겨울이었다. 1964년 오스트리아의 인스브루크 동계 올림픽 대회에서 우리는 처음 만났다. 덕산은 당시 스위스 대사로서 오스트리아 대사를 겸직하고 있었고, 나는 베를린 주재 한국 신문의 특파원으로 있었다.

1960년대—그 당시엔 우리가 유럽에서 살고 있다는 것만으로도 이미 하나의 큰 특전이었다. 고국에선 봄이 와도 오히려 양식이 떨어지는 춘궁기라 해서 농촌은 초근목피로 연명해야 했던 것이 그 무렵 우리나라 살림 형편이었다. 그런 고국을 떠나 추위와 배고픔을 모르는 '라인강의 기적'을 구가하는 서독에 건너온 것이다. 그래서 고국에 보낸 첫 신문기사에 나는 슈테판 게오르게의 시를 머리말로 인용해 보았다.

"타향의 봄 속에서 고향의 겨울을 생각한다— "

당시 서독의 한국 유학생들은 독일에 건너온 것을 '도독渡獨질' 했다고 자조自嘲하고 있었다. 외국에 혼자 빠져나와 편하게 공부하고 있는 자신이 고향에서 고생하고 있는 친구들을 생각하면 무얼 혼자 훔쳐먹고 있기나 한 것처럼 께름칙하고 미안스런 마음이 든다는 일종의 자괴감 같은 것을 웃음으로 달래보는 말이었다.

그랬다. 당시 우리나라는 선진국에 와서 보면 에누리 없는 후진국이오, 한 겨울이었다. 그것을 오해의 여지없이, 착각의 여지없이 극명하게 보여준 것이 특히 1964년의 인스브루크였다.

지지난해 2018년, 우리는 동계 올림픽을 평창에서 주최했다. 동계 올림픽과 같은 거창한 대회를 꼭 유치해야만 했느냐, 대회는 제대로 치러냈느냐, 엄청난 돈을 쏟아 붓고 큰 잔치를 마친 뒤 그 뒤치다꺼리, 뒷감당은 어떻게 하느냐 등등 말은 많다. 당연한 논의이고 마땅히 따져 봐야 할 문제들이다.

그럼에도 불구하고 나에겐 동계 올림픽이 내 생전에 우리나라에서 개최했다, 개최할 수가 있었다는 사실 자체만으로 남다른 감회에 젖었다. 그렇대서 내가 평창 올림픽 유치활동 같은 것을 했던 사람은 아니다.

그렇지만 나는 남들보다 좀 일찍 동계 올림픽을 구경해 보았다. 1964년의 인스브루크 올림픽과 1968년의 그르노블 올림픽의 두 대회를 젊은 나이에 구경한 것이다. 특히 인스브루크에서는 올림픽 대회의 온 기간을 취재기자로 참관 취재 보도한 경험이 있다. 당시 이 대회를 구경한 한국 사람은 선수와 임원까지 다 합쳐도 겨우 십여 명밖에 되지 않았다.

큰 잔치처럼 사람이나 나라의 속사정, 빈부貧富의 실상을 극명하게 보여주는 일도 흔치 않을 것 같다. 동계 올림픽이란 크리스마스에 눈이 오고 얼음이 어는 지구 북반부의 대부분 잘 사는 나라들만 즐길 수 있는 겨울 스포츠의 잔치다. 한국은 비록 추운 겨울이 있기는 하나 당시엔 한강이 얼지 않고선 빙상 경기를 할 수도 없고 스키는 구경하지도 못했던 시절이었다.

뿐만 아니라 그때만 해도 우리는 국제회의나 국제행사에 참가한 경험이 부족해서, 현장에 가 보면 별의별 실태가 벌어지곤 했다. 무엇보다도 공식일정이 잡혀 사전에 대비할 충분한 시간이 있음에도 불구하고 일이 코앞에 닥쳐서야 허겁지겁 서둘러대는 모습을 나는 비일비재하게 경험했다. 그래서 1964년 인스브루크 올림픽대회를 앞두고 그 전 해 가을 나는 서울에 본사의 체육부 기자를 보내려면 미리 한국올림픽위원회KOC를 통해 국제올림픽위원회IOC에 참가 신청을 하고,

그러지 않고 내가 대신해야 한다면 늦기 전에 IOC에 미리미리 기자 등록을 해 두라고 부탁했다.

동계올림픽이 열흘 앞으로 다가올 때까지도 아무 소식이 없어 서울에서 체육부 기자가 오는 줄 알고 있었다. 그랬더니 아니나 다를까 올림픽 개막식을 사오 일 앞두고 본사에서 급전이 왔다. "바로 인스브루크에 가서 올림픽을 취재하라!" 는..

부랴부랴 짐을 꾸리고 생전 처음 보러 가는 동계 올림픽 종목 해설서를 사 들고 비행기와 기차를 갈아타며 개막식 이틀 전에 인스브루크에 달려갔다. 그러나 대회본부의 프레스센터에 찾아갔더니 어이없다는 듯이 고개를 돌려 버리는 것이었다. 외신기자 등록은 각국의 올림픽위원회를 통해 이미 몇 달 전에 접수를 마감했고, 한국 기자는 아무도 등록하지 않았다는 것이다. 미등록자한테 프레스카드와 프레스 호텔을 내줄 수 없다는 단호한 퇴짜였다.

더 어이없는 것은 거기에는 베를린에서 갑자기 날아온 나만이 아니라 국내의 두 유력 신문사의 베테랑 기자도 이삼 일 전에 서울서 날아와 등록을 못 하고 서성거리고 있었던 것이다. 물론 사전에 KOC나 IOC에 참가신청도 하지 않은 채. 북한에서는 정식 등록이 된 기자(아마도 정보기관원?)가 이미 프레스 호텔에 입주하고 있었다.

궁하면 통한다? 아마도 그게 당시 한국의 많은 사람들의 신념이었던 것일까? 별수 없이 인스브루크의 첫 이틀은 온 종일 프레스센터 주변에서 담당자에게 감언이설과 애걸복걸로 기자 등록을 성사시키는 데 탕진하고 말았다. 다음날 드디어 개막식전을 한 시간 앞두고 프레스카드를 발급받아 허겁지겁 식장에 나가 보니 그곳서 다시 만나게 된 아아, 대한민국!

새하얀 설경 속에서 울긋불긋 원색의 화려한 빛깔의 유니폼을 입은 선수들이 입장하는 개막식에서 우중충한 회색 코트를 축 늘어지게 걸친 우리 선수단은 임원까지 합쳐도 겨우 열 명이 될까말까 하는 약소 팀이었다. 그나마도 개막식 직전에 도착해서 꼴찌로 선수촌에 입성한 모습부터, 마치 없는 돈에 겨우 월사금을 마련하느라 학교에 지각해 온 가난한 시골 학생들의 꼴이었다.

인스브루크에서 북한 선수단은 한필화가 스피드 스케이팅 종목에서 메달을 낚아채는 선풍을 일으키고도 있었으나, 한국 선수단은 출전하는 종목마다 거의 매번 최하위로 '전멸'하고 있었다. 체력이 곧 국력이란 말이 실감나던 1964년의 인스브루크. 거기에서 만난 아아, 대한민국. 가난한 나라 대한민국, 일인당 국민소득 백 달러의 후진국 대한민국. 인스브루크 올림픽은 그 대한민국의 실상을 국제사회에 부끄럽도록 선명하게 부각시켜 우리들의 알몸을 깨닫게 한 체험으로 내겐 기억 되고 있다.

만일 그때 그곳에서 덕산 이한빈 대사를 만나지 못했다면 나는 객지의 객지에서 배가된 국가적 열등감과 주눅든 자의식을 안고 베를린으로 돌아갔을 것이다.

덕산과의 해후는 처음부터 조금은 흥분스러웠다. 초대면이기는 하나 그는 이미 유명인이었다. 서울에 있을 때부터 주변에선 중앙정부에 이한빈 예산국장 같은 인재가 다섯 명만 있어도 나라는 달라질 것이란 말이 나돌 정도로 그는 이름난 엘리트 관리였다. 그는 처음 만나자마자 손가방 가득히 모아온 영국·독일·프랑스 주요 일간지의 클리핑 뭉치를 취재에 참고하라고 내게 건네주었다. 과연 소문난 사람다웠다.

인스브루크의 첫 만남 이후 우리는 유럽에서 자주 만났고, 그보다도 더 자주 서신을 통해 대화를 이어 갔다. 돌이켜 보면 덕산을 만났다는 것은 나에겐 여러모로 하나의 사건事件이었다. 새로운 것을 만난다는 것을 '사건'이라고 한다면. 그것은 특히 내게는 새로운 시각과의 만남, 새로운 담론과의 만남이었다.

1960년대 중반 우리나라 공론권公論圈의 가장 뜨거운 화두는 둘이었던 것 같다. 5.16 쿠데타와 군부정권의 출현이 하나고, 그 군부정권이 체결한 한일 국교수립이었다. 그리고 이두 주제에 대해서 우리나라 지식인사회의 견해는—국내에서나 해외에서나—대체로 부정적이었다고 회고된다. 다만 견식과 경륜이 없는 나로서는 그 어느 쪽에도 확신을 갖고 시원하게 동조할 수 없었던 것이 답답하고 좀 창피하기도 했다.

"못 살겠다 갈아보자"는 거듭된 야당의 도전에도 온갖 무리수를 써 가며 버텨오던 자유당 정권을 마침내 1960년 수백명의 젊은 목숨을 바친 4.19 학생혁명으로 무너뜨리고 탄생시킨 민주당 정권, 그처럼 고귀한 희생의 결실을 일 년도 못 돼 다시 쿠데타로 무너뜨리고 등장한 5.16 군부 정권, 그것을 어떻게 쉽게 받아들인다는 말인가.

자유당 말기의 폭정과 4.19 학생혁명의 전 과정을 신문기자로 생생하게 체험했던 나에게는 우선 5.16 군부 정권을 심정적으로 받아들일 수가 없었던 것이다. 그러나 다른 한편으론 내각책임제 개헌안으로 이 땅에 처음으로 탄생한 민주당 정권을 이제 겨우 발을 떼는 걸음마 단계부터 무자비하게 질타 공격하는 야당과 언론은 4.19 이후의 정국과 사회분위기를 걷잡을 수 없는 혼란으로 몰아 가고 있었다,

자유당 정권을 학생시위로 무너뜨려 탄생한 민주당 정권은 그 뒤의 모든 시위를 용인하고 수수방관하고 있었다. 서울 거리는 시위로 날이 새고 시위로 날이 저물었다. 고등학교, 중학교 학생에 이어 초등학교 학생까지 데모를 한다고 거리에 나오더니, 마침내 데모를 막는 경찰관까지 데모하기에 이르렀다. 한국은 데모크라시(민주정치)의 후진국이긴 해도 '데모-크라시'(시위-정치)에선 최선진국이라고 비아냥거리는 말이 나돌기도 했다.

민주주의와 자유는 드높이 구가되고 있을 뿐 그를 수호하려는 의지나 세력은 어디에도 보이지 않았다. 학생 혁명으로 탄생한 민주당 약체 정부는 혁명과업을 수행해야 할 다급한 과업들 앞에서 호의준순狐疑逡巡 우유부단한 모습만 보이고 있었다. 특히 혁명재판의 미온적인 판결이 발표되면서 1960

년 10월 서울대 병원에 장기입원 중인 4.19 부상학생 일부는 목발을 짚고 국회에 난입하여 국회의장의 사회봉을 빼앗고 혁명재판 다시 하라는 시위를 벌였다. 나는 이 사건의 신문지면까지 제작하고 다음날 유럽 유학을 떠났다.

독일에 건너오자 4.19와 그 후의 사정에 궁금해 하던 많은 친구들이 고국의 앞날을 우려하며 어떻게 될 것인지 묻는 소리가 쏟아졌다. 한국 데모크라시의 민낯을 실컷 보고 온 나는 낙관적인 전망은 할 처지가 못 됐다. 공산주의 아니면 보나파르티즘, 두 전체주의의 어느 한 쪽에 먹히게 되지 않을까 걱정이라고 나는 중얼거려 보았다. 그러고선 반 년도 못 돼 독일에서 라디오 방송으로 5.16 쿠데타 소식에 접한 한 친구는 내 예언이 맞은 거 아니냐고 엉뚱한 칭찬을 해주기도 했다.

사실 5.16 쿠데타가 일어나자 많은 국민들은 그에 대한 찬반贊反 지지 여부를 떠나서 "드디어 올 것이 왔구나" 했던 것이 숨김 없는 당시의 첫 반응이 아니었던가 생각된다. 거기다가 쿠데타 직후의 군사혁명 공약과 그를 시위하는 가시적인 긴급조치들은 무능 무기력했던 민주당 정권하의 무질서와 혼란을 순식간에 바로잡고 이른바 '국가재건'의 청사진을 펼치는 듯한 기대를 널리 흩뿌리고 있었던 모양이다.

물론 고색창연한 독일의 대학도시 하이델베르크의 상아탑에 갇혀 있던 내가 5.16 직후의 고국의 분위기를 제대로 알 수야 없었다. 그럴수록 나는 고국의 현장에서 적어 보내준 친구들의 글을 읽고 짐작할 수 밖에 없었다. 뒤에 가서 미래학회의 공동 발기인이 된 대학동기 이헌조李憲祖(1932-2015, 엘지전자 회장 역임, 당시 금성사 판매과장) 씨는 이 무렵 서신(1961년 7월 5일)에 이렇게 적고 있었다.[1]

"…우리나라 실정이 대수술을 요하였던 것만은 사실이고, 이미 수술을 과감히 시작한 이상 아무리 그 병인이 크고 환자의 체력이 문제되고 또 수술에 의한 고통이 따른다고 할지라도 집도의의 능력과 양식에 기대하지 않고 어쩔까 보냐. 환자의 병심病心은 항상 집도의에 대한 불안감으로 해서 더욱 악화의 길을 걷는 법이다.

어쨌던 민족의 운명을 걸고 있는 것은 사실이고, 이미 이렇게 되고 보면 걸고, 믿고, 밀고 나갈 수밖에 도리가 없다…"

내국인만이 아니라 그 무렵 서울을 찾은 외국인의 눈에도 5.16 후의 사회 분위기를 긍정적으로 평가하고 있는 증언은 있었다. '삼일운동의 제34인'으로 알려진 캐나다의 의학자이자 선교사 스코필드 박사Frank William Schofield도 그 무렵 서울에 머물면서 다음과 같은 글(1961년 11월 29일)을 내게 적어 보내주었다.[2]

"…지금 서울은 많은 변화가 일어나고 있습니다. 가장 중요

---

1. 최정호,『편지. 나와 인연 맺은 쉰다섯 분의 서간』, 열화당, 2017, p.148.

한 사실은 갖가지 부패가 사라지고 있다는 것입니다. 어떤 민주정부도 일찍이 그처럼 변화에 영향을 미치지 못했습니다. 우리는 드디어 성실한 정부를 갖게 된 것이지요.…"

나는 이헌조 씨나 스코필드 박사의 증언을 믿고 거기에 동조한다. 그 말들은 다 사실이고 진실을 담고도 있다. 그러나 그럼에도 불구하고 5.16 쿠데타로 집권한 군사정권을 아무런 유보 없이 지지할 수는 없었다.[2]

군사 쿠데타로 무너진 것은 단순히 장면 총리의 민주당 정권만이 아니다. 5.16 쿠데타가 짓밟은 4.19 혁명의 더 큰 제물은 대통령 책임제 하의 12년에 걸친 권위주의 전제정치에 종지부를 찍고 혁명 국회에서 거의 만장일치의 개헌으로 탄생시킨 내각책임제 정부라고 하는 신체제였다. 물론 민주정치의 도입과 실습이 일천한 우리나라에서 금방 내각책임제 정부가 뿌리 내릴 수 없다는 것은 당연하다. 그럼에도 불구하고 한국역사상 처음 실험해 보는 내각책임제 정부를 이미 탄생의 산욕産褥에서 군부의 폭력으로 학살해버렸다는 사실을 나는 그냥 용납할 수가 없었다.

장면張勉 민주당 정권은 대한민국 칠십 년 헌정사에서 햇빛을 본 처음이자 마지막의 유일한 내각책임제 정부였다, 그를 5.16 군부정권이 생매장한 뒤로는 온갖 비리와 무리, 비정과

---

2. p. 33

적폐가 만천하에 드러나고 있음에도 불구하고 이 땅에선 아직도 제왕적 대통령 제도의 저주에서 나라와 백성이 벗어나지 못하고 있다.

군사정권은 집권을 정당화하기 위해 쿠데타로 무너뜨린 민주당 정권의 부패상을 과장 선전했고, 그 표적으로 삼은 중심인물이 김영선金永善 재무부장관이었다. 그러나 그건 쿠데타 군부가 목을 칠 희생양을 잘못 고른 듯싶다. 경성제국대학 출신으로 당시 하늘의 별 따기라는 일제의 고등문관시험(해방 후의 고등고시 같은 고급인재 등용문)에 합격한 김영선 장관은 한국전쟁 당시에는 야당의원으로 제2대 국회에 진출하고 있었다. 그 무렵 피난 수도 부산에서는 이승만 대통령이 장기집권을 위한 이른바 "발췌개헌안"을 계엄령을 발포하고 기립표결이라는 공개투표로 강행 처리하는 무리수를 쓰고 있었다. 그에 대해 용기 있게 반대한 박순천 여사를 포함한 오직 네 명중의 한 분이 김영선 의원이었다.

학식과 용기를 갖춘 김영선 의원은 많은 대학생들의 존경을 받고 있었다. 우리는 재학 중에 이 나라를 이끌어갈 선배들을 만나보는 조촐한 강연 시리즈를 마련하고 거기에 예외적으로 김영선 의원은 두 번이나 모신 일이 있었다. 쿠데타 군부가 부패한 민주당 정권의 비리 부정을 까발리겠다고 김 장관을 잡아가두고 속속들이 가택수색을 했으나 발표한 '죄상'은 집에 냉장고가 두 개 있었다는 게 고작이었다.

그런 저런 납득하기 어려운 뉴스들을 접하며 나는 5.16 쿠데타와 군부정권의 등장을 불가피한 것으론 여겼으나 지지할 수는 없다는 분열증적인 입장에서 보고 있었다.

군부 정권이 추진하는 한일국교 수립을 위한 협상에 대해서도 유학생 사회에선 대체로 부정적이었다. 대외교섭이나 협상의 국제적 경험도 없는 군사정부가 너무 성급하게 밀어붙이는 것 같다, 우리는 일본과 국교수립 협상을 하기에는 아직 외교 경험이 부족하다, 그런데도 국교조약을 서둔다면 그건 일본 측에 일방적으로 유리한 '불평등 조약'이 될 것이다, 등등이 반대론자들에게서 흔히 듣는 논의였다.

신생국가인 한국이 대외교섭 경험이 부족하다는 것은 맞다. 따라서 지금 일본과 국교수립 협상을 한다면 일본에 유리한, 우리에겐 불리한 조약이 될 것이다. 그러나 그렇대서 지금 대일협상을 중단한다면 언제 어디서 우리가 대외교섭의 경험과 역량을 기른다는 말인가. 수영을 배우려면 물속으로 들어가야 배우지 헤엄을 치지 못한다 해서 언제까지나 모래밭에 머물러 있으면 결국 수영은 배우지 못하고 마는 것이 아닐까?

메이지유신明治維新 이후 일본이 근대세계에 들어왔을 때 당시 외교교섭 경험이 부족한 일본이 서양 제국과 치른 국교조약도 비슷한 경위를 가졌던 듯싶다. 그래서 일본은 그 뒤 그러한 불평등조약의 개정을 위해 오랜 동안 노력해 왔던 것이 사실이다. 일단 시작을 하지 않고선 경험과 역량은 영원히 생겨나지 않을 것이다.

4.19 혁명으로 한국의 대학생 집단에 관심이 높아진 외신들도 이른바 '대일對日 굴욕외교'를 반대하는 학생시위를 진압하기 위해 비상계엄령이 선포된 63사태를 전후해서는 다시 한국의 대학가 동향을 주목하고 보도 하고 있었다. 그러한 신문보도를 읽고 같은 대학에서 공부하는 인도 친구가 한번은 내게 물었다. 한국을 일본이 얼마 동안이나 점령하고 있었느냐고. 내가 사십 년이라고 대답하자 "인도는 이백 년 동안이나 영국 침략을 받아 왔으나 독립하자 바로 영국과 국교 수립을 위해 협상의 테이블에 마주 앉았다"고 그는 쏘아붙이듯 말하고 있었다. 그 말에 나는 얻어맞은 듯했던 것을 기억한다.

인스브루크 올림픽이 끝난 후 나는 스위스의 베른에 가서 대사 댁으로 덕산의 초대를 받아 며칠을 지내면서 참 많은 애기를 들었다. 덕산과의 대화는 그때까지 내가 듣지 못한 새로운 화제와 새로운 시각으로 여러모로 내게 개안開眼의 기회를 준 소중한 시간으로 간직되고 있다.

무엇보다도 5.16 쿠데타에 관해서는 그때까지 한국이나 독일에서 흔히 듣던 것과는 전혀 다른 담론으로 나를 매료했다. 군軍이 병영을 뛰쳐나와 무력으로 정권을 잡는다는 것에는 조선조 유교사회의 뿌리깊은 숭문崇文사상에 젖은 한국의 지식인 사회에서나 나치스 군국주의의 과거 청산에 매몰하고 있던 전후 서독의 지식인 사회에선 두말의 여지없이 부정적이었다.

그러나 덕산은 5.16쿠데타를 그러한 전통적인 시각이 아니라 후진국의 근대화라는 사회변동의 큰 문맥 속에서 다른 어느 사회집단보다도 먼저 근대화한 군부가 개혁의 전면에 나서는 리더십을 장악한 것으로 보고 있었다. 이에 관해서 덕산은 5.16을 취재한 외신기사에서, 특히 프랑크푸르트 알게마이네 신문의 당시 동경 특파원으로 있던 릴리 아베크 여사의 분석 기사를 평가하고 있었다. 요컨대 한국에서는 1950년부터 1960년에 이르는 십 년 동안 민간에서 약 육천 명의 학생들이 선진국에 유학을 가서 공부를 하고 더러는 영주권 시민권까지 획득하여 장기 체류를 하고 있었다. 같은 시기에 한국 군부에서는 거의 같은 수의 장교단이 미국에 가서 참모 교육을 받고 모두가 귀국, 원대 복귀해서 군의 근대화에 앞장선 엘리트 집단이 됐다는 것이다.

이러한 담론의 배경으로 덕산의 과거를 돌아봤다. 그는 대한민국 정부수립 후 최초의 장학생(1949~1951)으로 미국에 건너가 한국 최초의 MBA가 되어 전란 중의 피난 수도 부산으로 돌아왔다. 그때 이미 그는 이차세계대전을 승리로 이끈 '새로운 미국', 우리가 그전에 알고 있던, 도스토예프스키나 막스 베버 또는 앙드레 지드가 얕잡아 보던 그러한 미국이 아니라 세계대전을 선두에서 승리로 이끈 미국, 레이몽 아롱이 어느 날 눈을 떠 보니, 당대 최고의 대학들이 유럽이 아니라 이젠 미국에 몰려 있다고 탄성을 발한 전후의 미국, 그러한 새로운 미국의 진수를 이 년 동안의 하버드 대학의 캠퍼스에서 단기 속성으로 공부하고 온 것이다.

현대에 있어서 전쟁이 무엇인가. 이미 일차세계대전이 새로운 무기체계의 등장과 함께 장기전, 총력전이 되면서 비단 전선의 전투원만이 아니라 후방의 비전투원까지 총동원되어야 하는 지구전持久戰이 되었고, 그를 위해 전후방 국민의 사기士氣 진작이 필수불가결의 요인이 되면서, 전쟁은 단순한 무력전이 아니라 심리전의 양상을 더하게 되었다. 이차세계 대전은 그러한 현대전의 성격이 극대화하면서 미국 국방성의 심리작전본부에는 전후 미국, 아니 세계학계를 리드하는 수많은 사회과학 인문과학의 석학들이 참여하고 있었다.

덕산은 특히 이차대전의 전중 전후에 있어 미국 국무부와 국방성이 여러 차원의 교류를 관례화하고 있다는 것을 부러운 듯 얘기하곤 했었다. 육이오 전쟁 전후에 육천 명의 민간 유학생들이 선진국의 평화롭고 여유로운 생활에 탐닉하고 있을 때 한국군의 장교단 육천 명은 세계대전을 승리로 이끈 새로운 미국의 국방성이 주선한 참모교육을 받고 전원 귀국해서 군에 복무했다.

그러한 한국군의 변모를 이미 평가하고 있었기 때문에, 당시 재무부 예산국 제일과장으로 있던 덕산은 1956년 국방연구원이 창설 개교하자 일반 공무원으로는 처음으로 단독 입교하여 관가의 주목을 받았다.

오일륙 군사 쿠데타를 지금도 조선조시대 지배계층을 문

반文班 무반武班의 이항二項대립으로 본 타성적인 사고에 빠져 있던 한국사회나, 불행한 과거청산의 맥락에서 군부의 정권 장악을 독일 제이제국의 프로시아 군국주의, 제삼제국의 나치스 군국주의처럼 우선 부정적인 시각에서 바라보는 전후 서독사회에선, 그때까지 만나지도 듣지도 못했던 덕산의 그러한 군에 대한 담론은 당시 내게는 매우 참신하게 들렸다. 또한 그 무렵 대서양의 양안에서 미국과 프랑스 관계를 긴장시킨 드골의 독자적 핵개발 논란에 대해서도 덕산은 드골의 입장을 이해할 수 있다는 듯한 견해를 가지고 있었다. 특히 임지인 중립국 스위스에서 군의 원자력 무장을 절대 금지하려는 헌법조항의 추가를 묻는 국민투표에서 압도적 다수가 반대한 사실을 그는 평가하곤 했었다.

한일 국교수립 협상에 대해서 덕산은 더욱 적극적으로 평가하고 있었다. 당시 야당이나 언론이 가장 크게 문제삼고 있던 청구권 문제에 대해선 그 금액의 다과를 아예 따지는 것조차 젖히고 차라리 한 푼도 받지 않고라도 우선 국교를 수립하는 것이 좋았겠다는 입장이었다.

사람과 세상, 모든 것을 되도록 긍정적 적극적인 면에서 본다는 것, 정태적靜態的인 차원이 아니라 동태적動態的인 차원에서 본다는 것, 명분보다는 기능을 본다는 것 등. 스위스 알프스의 산록에서 오랜 동안 주고받은 대화를 통해서 나는 덕산의 이같은 시각을 배우게 되었다.

나를 놀라게도 하고 어리둥절하게도 한 것은, 사고와 행동에 있어서 덕산이 보여주는 스피디한 템포였다. 덕산을 처음 만났을 때 나는 독일에 온 지 이 년 이삼 개월밖에 되지 않았다. 학년제나 학사, 석사 제도가 없었던 당시 독일의 옛 학제에선 대학에서 몇 년을 공부해도 학위를 얻지 않으면 대학을 다닌 것으로 치지 않았다. 오륙 년, 혹은 칠팔 년쯤 대학을 다니는 것이 예사였던 시절이다. 덕산이 스위스 대사로 부임한 것은 1962년 2월, 나보다 두 달 늦게 유럽에 건너온 것이다.

그런데도 나를 당혹스럽게 한 것은, 서로 흉금을 털어 놓고 얘기를 하게 되자 첫번째 제의가, 최형 나는 곧 대사직을 사직할 터이니 최 형도 베를린에 돌아가면 되도록 서둘러 짐을 싸고 한국에 돌아가 같이 일하자는 것이었다. 외국에는 이 년 이상 머물 필요도 없고 그래서도 안 된다는 얘기 같았다. 뒤에 가서 알아보니 그가 건국 후 첫 국비장학생으로 선발돼 미국에 유학간 것이 1949년 9월이고 하버드대에서 역시 한국의 첫 MBA학위를 얻고 주위의 만류에도 불구하고 전란 중의 임시 수도 부산으로 귀국한 것이 1951년 5월이었다. 그의 첫 미국유학 생활은 겨우 일 년 팔 개월밖에 되지 않았다

1951년 9월 정부의 기획처 예산국 제이과장으로 시작되는 그의 공직 생활은 57년 재무부 예산국장을 거처 1961년 9월 재무부 사무차관에 임명되기까지 십 년, 정치가가 아니라 관리로서 승진할 수 있는 정점에 이른 것이다. 그리고선 오일륙 군사정부에 의해, 덕산의 말을 빌리면 알프스 산골에 유배돼

왔다는 것이다. 그의 나이 서른다섯일 때다.

남들은 세계에서도 가장 아름답고 안정된 나라 스위스에 부임한 것을 부러워하고도 있는 터에 덕산은 그곳에서 처음부터 울울불락한 심정을 억누를 수 없다는 눈치였다. 많은 사람이 부러워한다는 스위스 대사자리란 정년이 다가오는 외교관들이 부임돼 오는 경우가 많은 모양, 연회에 나가 보면 백발이 우람한 노인들 틈에 소년 등과少年登科한 삼십대의 약관이 혼자 섞여 있는 그림이 여간 어색하고 민망스럽지 않다는 푸념을, 나는 덕산 내외분한테 듣곤 했다.

푸념만 하고 있을 덕산이 아니었다. 그는 이미 정부에 사직원을 제출하고, 내가 만났을 때엔 그 수리를 이제나저제나 하고 기다리고 있었다. 그냥 기다리고만 있는 것도 덕산이 아니었다. 이미 사직원을 제출하고 있던 덕산을 만났을 때 그는 사표수리 전후에 계획하고 있는 두 가지 일을 내게 진지하게 털어 놓고 있었다.

나이 이십대 중반부터 한 나라의 살림살이를 총괄하는 주판을 튕기던 예산 전문가 덕산은 단순히 돈의 예산만이 아니라 '시간의 예산time-budget'을 다루는 데도 남달라 보였다.

공직생활은 십 년으로 사무차관까지 등극했으니 더 이상은 정치적인 자리라 여기서 마무리 짓는다.

그는 계획하고 있었다. 앞으로 십 년은 학자로서 교육계에 투신하고 싶다. 그를 위해 대사직 사표가 수리되면 하와이에 가서 행정학자의 입장에서 지난 십 년의 공직생활 경험을 바탕으로 정부수립 이후 한국 행정사行政史를 정리해 보고 싶다. 그에 곁들여 초대받고 있는 미국학회에 발표할 한 두 개의 논문도 준비해야겠다. 미국유학보다 길어진 스위스의 체험에 관해서는 따로 책을 하나 써 볼 생각이다. "여행기보다는 좀 길고 체재기보다는 좀더 깊은 글"을 준비하고 있다. 서울을 떠날 때부터 그럴 요량으로 이백자 원고지 한 박스를 이삿짐에 부쳐 가져왔다는 것이다.

문제는 이미 제출한 사직서가 어서 수리가 돼야 할 터인데 그게 도무지 뜻과 같이 빨리 되지 않고 있다는 것이다. 이미 목이 길어질 정도로 기다리던 사표 수리가 드디어 된다는 첫 기별을 들은 것은 그 해도 저물어 가려던 시월 초순. 덕산은 그 달 육일자로 "국무회의에서 귀하의 의원면직을 결의하였다"는 전보를 받았다. "전문을 받고 소원이 이루어졌다는 쾌감과 더불어 또 한편 무의식이 불러일으켜주는 십사 년간의 공公생활에서의 고별에 대한 일말의 아쉬움이 뒤범벅된" 마음을 덕산은 내게 적어 보내왔다.[3]

그러다 그 해 말(1964년 12월 초) 박정희 대통령이 서독을 국빈 방문하는 공식 일정이 끝난 뒤 유럽 공관장회의가 뮌헨에서 열리게 됐다. 스위스, 오스트리아, 바티칸, EEC(당시 유럽공동체) 주재 대사를 겸하고 있던 덕산도 공관장 회의에

---

3. 김형국 엮음, 『같이 내일을 그리던 어제: 이한빈 최정호의 왕복 서한집』, 시그마프레스, 2007; 2016. pp.62-64.

참석하기 위해 뮌헨으로 오게 되었다. 대통령 일행 및 유럽 각국 주재 대사와 함께 수행기자단도 같은 호텔에 묵게 돼서 나는 오랜만에 덕산을 만났다.

공관장 회의가 끝난 게 몇 시쯤이었을까. 덕산이 다소 상기된 모습으로 찾아왔다. 꽤 늦은 시간에 나의 호텔 방을 찾아 노크했다. 드디어 사표를 수리한다는 약속을 방금 외무부 장관 이동원李東元에게 확약 받았다는 것이다. 여태 사표수리를 안 한 것은 덕산의 진의를 알 수 없었기에 직접 만나서 심중을 확인하고 싶었다는 이 장관의 해명도 있었다는 것이다. 나는 그때처럼 덕산이 기뻐하는 모습을 본 기억이 별로 없다. 조금은 젊은이처럼 흥분하고 있는 듯도 해서 찬 바람을 쐬자고 호텔 밖으로 나가 우리는 근처의 호프 브로이에 가서 맥주를 마셨다.

뮌헨 공관장 회의를 다녀온 후 덕산의 행보는 빨라졌다. 이제 곧 서울에서 해임발령 소식이 도착하리라 믿고 조만간 관저도 내놓고 호텔에 입주해서 구상해 놓은 스위스에 관한 저술을 계속한다는 것이다

그 해 연말에 보내온 크리스마스 카드는 "우리집 무언無言의 시인"이란 부인 유정혜 여사가 그린 알프스 명봉의 하나인 마터호른의 스케치를 표지로 해서 "새해에는 …우리의 항로변경에 대하여도 늘 가호 있기를" 기원한다는 글이 적혀 있었다. 유 여사의 이 그림은 다음해 연말에 드디어 햇빛을 보게 된 덕산의 첫 저작에 속표지를 장식했다

책의 제목은 〈작은 나라가 사는 길—스위스의 경우〉로 정했다. 덕산의 글 쓰는 걸 보면 크건 작건 간에 철골(철근이 아닌)의 건물을 짓는 것처럼 보인다. 이것은 그의 마지막 저서가 아닌가 싶은 〈이한빈 회고록—일하며 생각하며〉(1996. 조선일보사)를 저술할 때도 마찬가지였다. 책을 써 내려 가기 전에 그는 책의 탄탄한 골격(목차)을 짜는 데 진력한다. 전체적인 골격이 짜지면 그 내부를 채울 공간 배치를 위해 목차를 세목화하고, 그러면서 내장에 들어갈 각종 자료들을 제자리에 분류해 둔다. 그러고 나서 집필을 시작하면 그때부턴 알레그로의 속도가 붙는 듯싶다. 어쩌면 이것은 다른 사람들의 경우도 비슷할지 모르지만, 남들처럼 먼저 생각을 정리해 놓고 그 생각에 따라 글을 쓰는 것, 곧 수상隨想이 아니라 우선 붓을 들고 붓에 따라 생각을 굴리며 글을 쓰는 것, 곧 수필隨筆에 익숙한 나 같은 무지렁이에겐 신통하고 부러워 보이기만 하다.

과연 덕산의 작업은 가속의 페달을 밟은 듯했다. 크리스마스 카드를 받고 나서 석 달 후인 3월 1일에는 책의 목차를 내게 보내 왔고, 다시 열흘 후인 3월 10일에는 이백자 원고지 약 오백 장에 이르는 초고 전문을 부쳐 왔다. 덕분에 나는 덕산 저술의 이 처녀작을 가장 먼저 읽은 처녀독자가 됐다. 원고는 내가 수정을 제안한 일부를 포함해 약간 손질을 한 뒤 서울 출판사로 보내서 같은 해 연말에는 "작은 나라가 사는 길—스위스의 경우"(동아출판사, 1965. 12. 20)의 초판이 나온 것이다.

부분이나 세목에만 천착 매몰되지 않고 언제나 전체상을 부감해서 파악하려는 시각, 그러기 위해선 부정적인 면보다도 긍정적 적극적인 면을 먼저 보려는 시선, 공간적인 전체상이 정태적인 것으로 굳지 않기 위해 동태적인 흐름 속에서 시간적인 전체성을 추구하려는 시야 등등, 평소의 대화에서 감지했던 덕산의 일상적인 사고 패턴이 그의 첫 저서에선 스위스라는 한 폴리스(나라)의 파노라마를 그려내는 작업에 유감없이 시위되고 있었다. 책의 첫 독자로서 당시 나는 두 가지 주제에 방점을 찍어두고 있었다.

첫째는 앞에서도 이미 적었지만, 나라라는 전체성에서 보는 군軍의 위상이다. 이에 대해선 덕산이 내 눈을 열어준 몇 년 후, 토인비의 신간 〈서유럽의 미래〉를 구해 보니 다음과 같은 구절이 눈에 띄어 새삼 덕산의 형안에 감탄한 일이 있다.

"서유럽 사회에서의 직업군인이 갖는 보수적 성격과는 반대로 비非서유럽 제국에선 직업군인이야말로 첫번째 혁명가의 역할을 감당하고 있었다…"

〈작은 나라…〉가 재미있는 것은 스위스는 서유럽국가임에도 불구하고 나라의 산업화 밑천을 마련한 것이 전 유럽에 용맹을 떨친 스위스의 용병傭兵이었다. 그리고 그들 젊은이들이 전쟁터에서 흘린 피로 벌어들인 돈으로 이룩한 복지국가 스위스의 영세중립을 지켜 주고 있는 것이 또 스위스 모든 남성으로 조직된 민병民兵 제도라는 대목이다. 요즈음 독자들에겐 소 귀에 경 읽는 소리가 될지도 모르나 〈작은 나라…〉의 초판이 나올 당시는 우리나라의 광부(대졸 출신의 위장 혹은 급조 광부도 많았다) 일진이 서독 탄광의 지하 갱도에서 힘든 노동을 하고 있었고, 머지않아 베트남 전쟁에 한국군의 참전도 예감되는 그러한 시절이었다.

둘째는 스위스의 영세중립에 관해서 – 우리나라에서도 지정학적인 어려운 여건 때문에 구 한말부터 중립의 문제는 귀를 솔깃하게 하는 주제가 되었을 것이고, 해방 후에도 그랬다. 6.25전쟁 중에 서울의 대표적인 신문사의 주필이 한반도의 중립화 통일론을 제기하여 화제가 되기도 했다. 일본 도쿄東京대학 출신의 동아일보 전 주필 김삼규金三奎(1908~1989)씨가 그 사람이다. 그의 중립화'평화'통일론은 이승만 대통령의 북진'무력'통일론에 정면 배치됨으로써 국내에서는 불온사상처럼 잠복하고 그럴수록 일부 지식인에게는 더욱 매혹적인 유인력을 갖기도 했던 것 같다. 그건 어떻든….

중립화란 말이 금방 떠올리게 하는 연상어가 평화요, 평화란 말의 연상어가 특히 우리나라 지식인 사이에선 또 금방 탈군비, 비무장이다.

비무장 평화, 탈군비 중립이 망상이라는 것을 유럽에서는 양차대전에서 중립국 벨기에와 네덜란드가 유혈이 낭자한 몸으로 체험 입증했다. 세계대전과 세계혁명의 세기, 20세기에서 스위스가 보여준 그 반대되는 사례는 전 국민이 민병으로 군비를 갖춘 무장평화의 중립국 스위스가 시위한 찬란한 성공사례라 할 것이다.

중립화와 관련해 또 한 가지 곁들여 두고 싶은 얘기가 있다. 1960년대라면 세계가 이념적 군사적으로 동서로 양분 대치하던 냉전의 시대였다. 그러한 냉전 시대에 중립화라 한다면 곧 동서 좌우 어느 쪽에도 기울지 않는 중립을 쉽게 생각할 수 있다. 사실 중립국 스위스의 대표적 권위지 노이에 취리히 신문Neue Zuericher Zeitung, NZZ은 가령 한반도에서 남북한 군사충돌이 발생하거나 미소간에 쿠바 미사일 위기가 발생할 때면 AP, 로이터, AFP 등 서방 통신기사 만이 아니라 소련의 TASS나 중공의 신화사新華社통신 기사도 함께 다뤄 주어 그야말로 중립적인 다양한 뉴스 면을 보여주고 있었다. 서독의 초대 외무장관을 겸직한 아데나워 수상이 당시 외무부 직원들에게 NZZ 읽는 것을 일과로 삼으라 했다는 풍문이 나돌 만했다.

그러나 스위스가 정말 동서 냉전시대에 이념적으로 불편부당한 중립의 위치에 있었던 것일까. 아마도 그렇게 생각하는 사람, 생각하고 싶은 사람이 우리나라엔 많을지 모른다.

다시 오십오 년 전의 유럽으로 돌아가 본다. 뮌헨 공관장 회의에서 외무부 장관으로부터 직접 구두로 해임 약속을 받았으나, 덕산은 그로부터도 다시 오 개월 동안 스위스에 발이 묶여 있었다. 그 사이 〈작은 나라〉를 탈고하고 교정까지 보고 나서도 서울의 외무부에선 감감 무소식이었다. 덕산은 65년 4월 14일자 내게 보낸 서신에 "금년 봄 몹시도 지루한 '기다림'의 계절입니다. 아직도 기다립니다."고 푸념하고 있었다. 그러다 5월 5일자 서신: "어제 고대하던 전보를 받았습니다. 4월 30일자로 해임발령이 났다는 전보를. 곧 5월 15일에 제네바를 출발하여 5월 22일에 서울에 들어가는 여정을 짰습니다…"[4] 유럽에서 덕산이 보내온 마지막 서신이었다.

덕산이 귀국의 채비를 서둘고 있을 때 나는 한 달 반 동안 비엔나에 가 있었다. 1965년 5월의 비엔나는 겹겹이 역사적인 기념행사가 몰려 있어서 그를 참관 취재하던 나에겐 잊을 수 없는 유럽 체험으로 간직되고 있다. 독일어 사용 지역에서 가장 오래된 비엔나 대학 육백 돌 잔치에서부터 대통령선거와 취임식 등 큰 잔치들이 꼬리를 물고 있었으나, 그 무엇보다도 클라이맥스는 패전 후 네 개 점령국 군정치하에 있던 오스트리아가 1955년 5월 15일 중립화 독립을 성취한 국가 조약 체결의 십주년 경축 대행사였다. 이 날 낮에는 1955년 5월 15일 영·프·소 사 개국 외상이 마침내 양피지에 봉인한 이 국가조약문서를 수만 시민 앞에 들고 나와 펼쳐 보인 벨베데레 성의 그 발코니에서 이제는 얼굴이 달라진 사 개국 외상이 다시 시민 집회에 나와 축전을 베풀었고, 밤에는 비엔나 국립 오페라에서 이들을 카이저 로제 (황제석)에 모셔 로린 마젤

---

4. 같은 책. p.112.

지휘로 베토벤의 가극 〈피델리오〉의 갈라 공연도 베풀고 있었다.

이차세계대전의 전후사에서 분단된 세 나라 가운데 오직 오스트리아만이 사 개국의 분할통치하에 있었음에도 불구하고 불과 십 년 만에 전승 연합국의 축복 속에 통일독립을 쟁취했다는 것은 냉전시대의 기적이라 할 만했다. 그것이 어떻게 가능했던 것일까.

히틀러 전쟁에 말려들어 패전 후 전승연합국의 점령통치를 받는 국난의 곤경 속에서 오스트리아 정당과 국민이 보인 굳건한 단합의 의지와 능력이 그 열쇠였다. 종전 후 첫 총선에서 의회에 진출한 각 정당(의원수: 국민당 85, 사회당 76, 공산당 4)은 바로 정권장악을 위한 파쟁 대신 거국내각을 구성했다. 그 다음 1947년 선거에서 공산당이 한 표의 의석도 얻지 못하고 퇴출되자 양대 정당인 국민당과 사회당은 여야로 갈라서 대립하지 않고 함께 정부를 구성해서 이른바 적(赤= 사회당)과 흑(黑=가톨릭 국민당)의 모자이크라는 대연정을 수립하여 향후 이십 년 동안 공동으로 국정을 담당해 왔다.

1955년 5월 '냉전시대의 기적'이라 일컫는 오스트리아의 국가조약이 체결될 때까지 삼백칠십구 차례의 협상 테이블에서 십 년을 하루같이' 니엣트줌'를 반복하던 소련이 마침내 양보를 하게 된 것도 진보와 보수, 좌우가 똘똘 뭉친 오스트리아 정부를 상대로 크렘린은 더 이상 이빨을 들이밀 수가 없었다는 것이 오스트리아 사람들의 자랑이다. 잊어서는 안 될 것은 그처럼 좌우가 똘똘 뭉치는 대연정이 두 연대나 지속될 수 있었다는 것은, 거기에 공산당이 끼어들 수 없도록 총선 때마다 오스트리아의 국민이 보여준 슬기로운 결정의 결과라는 사실이다.

요는 스위스나 오스트리아가 중립국임은 결코 두 나라가 정치적 이념적인 중립을 지키고 있는 것은 아님을 간과해서는 안 된다. 중립이란 다만 대외정책에서 외교적 군사적으로 중립을 지킨다는 것이요, 정치적 이념적으로 좌우 중간노선을 걷는다는 뜻이 아니다. 대내적으론 스위스나 오스트리아나 철저한 반공국가이다. 1964년 인스브루크 올림픽의 가장 흥미로웠던 경기의 절정은 캐나다와 소련의 두 강호가 맞붙은 아이스하키 결승전. 대회 경비를 맡고 있던 중립국 오스트리아 군인들이 대거 스타디움에 몰려들어와 볼이 터지도록 캐나다 팀을 응원하는 걸 보고 나는 중립국 오스트리아의 민낯을 보는 듯싶었다.

〈작은 나라가 사는 길—스위스의 경우〉 출간 오십 돌을 맞아 기념 복간을 준비한다는 말을 듣고 나도 책의 초판본을 꺼내 반세기만에 다시 읽어 보았다.

나는 정치학이나 행정학을 전공해 본 일이 없는 사람이기 때문에 이들 현대의 새로운 학문의 역사 같은 것은 모른다. 그러나 그러한 새 학문이 나오기 전부터 한 나라의 틀을 짜고 다스리고 이끌어 가려는 나라의 살림살이, 이른바 국정國政의 방편에 관해서는 그를 생각해 본 많은 문헌들, 플라톤이나 공맹孔孟의 옛날부터 수많은 문헌들이 동서양엔 있다는 것은 알고 있다. 무어나 베이컨, 또는 캄파넬라 등의 유토피아들도 이 흐름에서 나오는 흥미로운 문헌들이다.

그러나 이러한 종교적·신학적 또는 윤리적·이상주의적 당위에서 벗어나 국가의 운영을 실천이성의 차원에서 다룬 문헌, 철학의 세계보다 현실의 세계에서 다룬 문헌, 사변思辨의 논리가 아니라 시무時務의 논리로 국정을 다룬 문헌의 효시는 유럽에선 니콜로 마키아벨리(1469~1527)의 〈군주론〉(1532)을 일반적으로 들고 있는 듯하다. 그에 대해서 나는 평소 우리나라의 삼봉 정도전三峯 鄭道傳(1337~1398)이 저술한 〈조선경국전朝鮮經國典〉(1394) 및 〈경제문감經濟文鑑〉(1395)이 일백오십 년 앞서 현실적 실천적 차원에서 다룬 '국가의 통치술Staatskunst, arte del stato'이 아니냐고 내세워 보고 있다.

두 사람의 차이는 삼봉이 군주의 곁에 군주와 같은 높이에 자리하고 있었다고 한다면, 마키아벨리는 군주의 발밑에 엎드려 있었다고 할 수 있다. 마키아벨리의 말투를 빌리면, 삼봉은 평지를 알기 위해 고산에 서 있듯이 군주의 곁에 있었다. 그에 비해 마키아벨리는 고산을 우러러 보기 위해 평지에 몸을 낮추고 있듯이, 군주의 마음을 살피기 위해 민의 지위에 있었다. 그럼으로써 삼봉이 백성을 위한 윤리적 민본사상을 전개시켰다고 한다면, 마키아벨리는 군주를 위한 국가이성

Staatsraison, ragione del stato의 비윤리적 내지는 탈윤리적 근대 정치사상을 발전시키게 된다.

〈작은 나라 스위스…〉는 무어의 〈유토피아〉, 베이컨의 〈아틀란티스〉, 또는 캄파넬라의 〈태양의 나라〉등 유토피아처럼 여행 가서 찾은 나라라고 할 수도 있겠으나, 덕산은 가상의 나라가 아니라 실존하는 나라를 보고 왔다. 그는 삼봉처럼 군왕 곁의 높은 자리에서가 아니라, 또는 마키아벨리처럼 몸을 낮춘 평지에서가 아니라, 여행지를 밖에서 보고 안에서 보았다. 멀리 밖에 있는 사람으로서 스위스의 역사와 지리의 전체상을 보았다. 그러고 안에 있는 사람으로서 스위스의 안살림을 들여다보았다. 나라의 안을 들여다볼 수 있는 살림husbandry의 전문가, 곧 예산 행정가라는 전문 살림꾼의 입장에서 스위스를 들여다보았다. 그러면서 그처럼 밝은 두 눈으로 세계의 지붕이라 일컫는 나라 스위스, 앞서가고 있는 나라 스위스의 삶과 틀과 길을 다 같이 밝혀 보여주고 있다. 이러한 데서 이 책은 별난 설득력을 지니고 있는 것 같다.

이 책을 엮으며 떠오른 한두 단상

김형국(서울대 명예교수)

지은이가 말하던 신간

『작은 나라가 사는 길: 스위스의 경우』는 1965년 출간이다. 덕산 이한빈德山 李漢彬(1926-94) 지은이가 서울대 행정대학원 원장으로 부임한 해는 1966년. 나는 대학원 일년생이었다. 수업시간에 신간 책 이야기가 나온 것은 자연스러웠다.

학문하는 사람들의 관심분야 가운데 특정 소재는 그 주제로 책을 쓸 때 가장 정통하기 마련이다. 미국의 저명 교수 수업시간에 수강생이 좀 별난 질문을 하자, 최근에 자기 제자 중에 그걸로 박사학위 논문을 쓴 이가 있었다며 그에게 묻는 게 좋겠다고 대답했음도 같은 맥락이다. 갓 출간한 당신의 책에 대한 소개는 대한민국의 미래상을 꿈꿈에 직전에 주재국 대사로 지냈던 스위스도 좋은 참고가 될 것이라 게 그 집필 취지였다.

스위스 사례도 준거가 될 수 있다며

수업시간은 당신 담당의 발전행정론Development administration 강의였다. 이전의 정통 행정학은 정부행정을 감당하는 '관료제 bureaucracy'란 한 체제 안에서 그 구성과 기능을 가다듬은 끝에 정부 노릇을 효율·효과적으로 전개할 수 있는 방도에 대한 연구였다. 견주어 발전행정론은 나라 발전을 위해 관료제가 사회의 엄중한 변화에 어떻게 대처할 것인가, 미국식 신종용어로 말하면 '정부생태학ecology of government' 발상이 기저였다.

1960년대는 유엔이 정한 발전도상국의 밝은 미래를 고대한다는 뜻의 '개발연대'였다. 그 상황에서 발전행정론은 발전도상국의 행정체계에 관심을 갖던 세계행정학회도 제안하던 새 교과과정이었다. 덕산 스스로에겐 공직자로 살아온 이전의 경력 연장으로 그때 겨우 제일차 경제발전오개년계획에 착수한 저개발국 한국의 미래상에 대해 신념을 갖고 매달리던 연학研學이었다.

그 시절 조야 식자층에선 저개발의 전통사회가 어떻게 근대화를 앞서 실현하는 구미 선진국의 역사적 발전단계를 따라 갈 수 있을까, 어떻게 따라잡기 노력을 압축적으로 할 수 있을까가 당면 관심이었다. 그 발전단계설로 경제발전 오단계설(① 전통형 사회, ② 도약준비, ③ 도약단계, ④ 성숙단계, ⑤ 고도대량소비시대)이 크게 주목 받았다. MIT 교수 출신 당대 경제학자 로스토Walt Rostow(1916-2003)의 저술(『경제발전의 제단계The Stages of Economic Growth』, 1960)이 그 이론

출처였다. 군사정부가 경제개발오개년계획을 1962년에 처음 도입·추진한 것을 '도약준비' 단계라 여겼고, 이후 이 나라 최초의 국가산업단지이던 울산공업단지 정유공장 준공식에서 검은 굴뚝 연기가 치솟자 바야흐로 '도약단계'에 진입했다고 관민官民들이 환호했다.

'도약'의 영어 낱말 'take-off'은 활주로를 달리는가 싶더니 어느 순간 하늘로 치솟는 비행기 이륙離陸모습의 형용이다. 국내외 비행기 여행이 일상화한 오늘에도 비행기의 이륙 순간은 모든 여행객들에게 경이로움 그 자체다. 공항 관제소에 높이 앉은 관제사들 역시 이륙을 유도하는 지시가 떨어지자마자 수백 톤 무게의 대형 비행기가 굉음과 함께 사뿐히 하늘로 치솟아 오르는 광경은 볼 때마다 감탄스럽다 했지 않았던가. 그때 위정자가 기간산업 공장 준공을 "사천년 역사의 가난"을 씻는 몸짓이라 설파했으니, 도약치고 세상에 그런 도약이 또다시 있을 수 없었다.

기술관료에서 교육자로 돌아와

그러나 나라가 도약단계에 들었다고 들떠 있을 때 덕산은 국가개발의 최일선에 있지 않았다. 대신, 나라성장 도정을 체계적으로 정리하고 풀이하는 이론연구, 이걸 토대로 장차의 고급 행정공무원 교육 또는 훈련을 목적으로 설립된 교육기관의 책임자로서 신명을 바치고 있었다.

1961년까지만 해도 덕산은 나라 경제발전을 꾸미려던 최일선의 전문적 식견을 가진 이른바 기술관료technocrat였다. 덕산은 자유당 정부 말기부터 관계당국이 제안해 놓은 '오개년 장기계획'을 구체화하려고 그 단명의 민주당정부가 1961년 봄에 세 사람 실무교섭단을 미국으로 파견할 때 그 일원이었다. 거기서 케네디 대통령 정책고문이던 바로 그 로스토 박사를 만났고, 그에게 한국경제의 발전 가능성을 제시하자 아주 호의적으로 반응해 주었다 한다.

미국 조야를 상대한 덕산의 접촉은 재무부 예산국장으로 일할 때 해마다 미국을 찾아 국가재정을 꾸려갈 대한對韓원조자금 협의과정에서 쌓았던 인연의 연장이었다. 그는 6.25동란 한 해 전에 미국 하버드 경영대학원으로 유학 갔고, 1951년에 임시수도 부산으로 귀환해서 경제관료 생활을 시작했던 것.

실무교섭단이 한창 미국 조야를 상대로 한국경제의 발전 가능성을 설득하던 일정 중에 뜻밖에 5.16군사혁명이 발발했다는 소식을 현지에서 접했다. 당장 당신의 체면이 구겨진 것은 약과이고, 무엇보다 미국 유학생활을 통해 간직했던 자유민주주의 신념에 대한 일대 도발이라 여겨 군사혁명을 마음으로 용납할 수 없었다.

귀국한 뒤 군사정부의 경제개발행정 일선에 나서라는 제안을 뿌리치고 사표를 내자 그의 뛰어난 외국어 실력 등을 감안해서 일단 외국주재 대사 자리를 제안했다. 그때 덕산의 내심은 정당성이 추락된 정부에서 일하기보다 학계로 나가고 싶였고, 그 말미를 얻을 참으로 주 제네바 공사를 시작으로 스위스 대사, 오스트리아·EU 겸임대사, 로마 교황청 바티칸 겸임 공사를 두루 맡는 외교관으로 변신했다. 현지에 부임해서 새 공관 개설 등의 공무에 진력하는 한편으로, 교육계로 향한 당신 장래 진로에 대한 계책은 착착 진행되어 갔다.

부임하고 일 년 정도 지나 요로에 사표를 제출했다. 수리까지 시간이 꽤 걸릴 기미를 눈치채자 그 공백의 마음을 달랠 김에 한국경제사회의 발전방안 모색에 도움 될 일을 궁리했다. 그게 바로 한국이 스위스의 사람과 역사와 지리에서 배울 바를 찾자는 것이었다. 국토의 협소에다 지세마저 사람이 상대적으로 살기 어려운 산악인 점이 공통인 데다, 수없이 외침을 받아 왔던 반도국의 지정地政에서 영세중립국 처지가 부럽기만 하던 터라 혹시 이 점도 스위스를 벤치마킹할 수 있지 않을까, 살펴본 것이었다.

벤치마킹의 미덕

벤치마킹은 미래목표 설정의 한 방편이다. 지금 없거나 모자라는 것을 장차 얻으려는 심사에서 "아직 오지 않았음"인 '미래未來'를 꿈꾸는 것은 자칫 허공에 뜬 구름처럼 비칠 수 있다. 이럴 때 앞서가는 선망의 대상 저기에 바로 우리의 미래가 있다고 말하면 한결 장차를 위해 지금 투입할 시도에 실감이 보태질 수 있다. 특히 기업 쪽 행태가 그러했는데, 국산 텔레비전을 소니 텔레비전 못지않게, 국산 자동차를 도요타 자동차 못지않게 만들려고 부심했음은 그 선망의 대상을 벤치마크한 방식이었다. 국가의 발전책도 벤치마킹 방식으로 도모할 수 있을 것이라는 것이 바로 덕산의 스위스 국가사례 연구였다.

나라의 어려운 사정을 통감한 끝에 어느 나라를 닮아야겠다는 선각先覺 개인의 크고 작은 발상은 예로부터 우리도 적지 않았다. 전통농업의 선진화를 위해 덴마크를 따라 배우자는 주장도 그런 발상의 일환이었다. 하지만 국토분단, 동족상잔의 뼈아픈 역사를 겪고 난 대한민국에서 다른 나라 사례를 통해 국가적 방책를 제시한 이는 덕산의 이 책이 우리 현대사에선 최초일 것이다.

책 저술 전후의 소회를 수업시간에 말하던 언간言間에 덕산이 공직자로서 합당한 소임을 다했다는 자부심을 은근히 내비치기도 했다. 역사 이래로 다른 나라에 사신으로 나아갔던 이들이 많고 많았지만 나라에 보탬이 될 만한 일을 한 이로 고려시대에 목화씨를 붓대롱에 숨겨온 문익점文益漸(1329-98)만한 사람이 있었겠냐며, 당신의 발전행정론 수업시간에 자문·반문했다.

벤치마킹 찾기에 골몰했던 덕산의 발상법은 나라의 경제발전이 도약단계를 넘어 도래한다는 성숙단계, 그리고 이 너머로 고도대량소비시대의 모습을 설명해 보려던 시도이기도 했다. 이는 선행先行사례가 있고, 문명발전의 역사적 단계가 선형線形임을 전제로 한다. 경제사회발전이 농업에서 산업사회로 그리고 정보사회로 나아간다는 설명이나, 산업화가 이뤄지면 도시화가 급격하게 진행한다거나 같은 설명도 일종의 선형 발전론이다.

벤치마킹은 미래실현의 한 방법

덕산의 스위스 사례연구는 그가 1968년 여름에 창립을 주도한 한국미래학회의 워크숍이나 세미나에서 자주 화제에 올랐다. 강대국과 이웃하는 처지이니, 안보는 이를테면 러시아와 이웃한 핀란드 사례가 참고로 거론되기도 했던 것은 바로 벤치마크 찾기의 정당성이 그 기저였다.

다시 토론의 화제가 스위스 사례를 갖고 설왕설래하는 도중이면 온갖 나라들의 독재자들이 부정축재한 비자금 창구가 되어 줌이 그곳 은행들의 악행인데, 그럼에도 스위스가 선행을 일삼는 모범국으로 비치는 것은 나라 국기의 색깔을 뒤집어 흰 바탕에 붉은 십자가를 박아 만든 국제적십자의 깃발이란 이미지로 카무플라주하고 있음이라 꼬집기도 했다. 이 비아냥은 우리의 대외적 이미지가 그 시절 한동안 태권도 시범행사를 앞세워 나라 얼굴 알리기 하던 노릇에 대한 은근한 비판도 담겨 있었다. 벽돌을 쌓아 놓고 우당탕 격파하는 모습은 처음 보는 사람에겐 무척 공격적인, 아니 파괴적인 모양새로 비칠 수 있는데, 그런 방식으로 어떻게 나라의 이미지를 착하고 아름답게 진작시킬 수 있단 말인가, 그런 비판이었다.

나는 그때 덕산에게서 스위스 이야기를 들을 때마다, 외국

물을 먹은 본 적 없었던 대학 초년생의 뇌리에 박힌, 서울대 사회학과 강의의 한 교수 열변에 담겼던 그 나라 관련 일화가 기억나곤 했다. 『로마제국쇠망사The History of the Decline and Fall of the Roman Empire』(1788)를 적었던 것으로 유명했던 영국 역사학자 기번Edward Gibbon(1737-94)의 행적에 대한 말이었다. 그가 이탈리아 여행을 마치고 영국으로 돌아가는 길에 스위스를 경과할 적에 "레만 호수를 바라보다가 문득 '쇠망사'를 적기로 마음먹었다"고 소리 높였다. 사회과학 강의였던 만큼 집필동기의 전후 인과를 말해야 할 것을 '문득'이란 말로 얼버무리는 바람에 집필을 결심하기까지의 심리적 갈피를 간파하지 못해 스스로 참 난감해했던 기억이 지금까지도 잊히지 않는다. 이탈리아 순례 길에 만난 로마에 매료되어 이 도시의 역사를 적으려고 시작했던 일이 로마제국의 역사로 확대되었음은 한참 나중에야 알아냈다.

벤치마크는 경영학에서 "투자의 성과를 평가할 때 기준이 되는 지표"라는 뜻이라 했다. 한편 우리가 모범적 선행先行을 따라 하겠다는 뜻의 벤치마킹은 상식선의 일상용어인 셈이다.

벤치마크에 준하는, 보다 학문적 개념은 내삽법內揷法, intrapolation이란 미래예측의 한 방편일 것이다. 한국미래학회를 통해 소개되고 알려진 '미래연구future studies'는 ① 미래에 어떤 일이 일어날 것인가를 살피는 이른바 '사실적 미래', ② 미래는 어떤 것이 바람직한가를 살피는 '당위적當爲的 미래',

그리고 ③ 사실과 당위의 미래 간격을 줄이기 위한 오늘의 시도 곧 정책학으로 이뤄진다 했는데, 내삽법은 외삽법外揷法, extrapolation과 함께 사실적 미래예측 방법의 하나다.

어떤 체제의 미래를 그 체제의 지난 추세의 연장에서 살피는, 대체로 통계적 방법을 이용함이 외삽법임에 견주어, 정성적定性的인 사항의 예측은 한 체제의 미래상이 다른 선행 체제의 과거 정황과 비슷할 것이란 전제를 통해 파악하는 방법이다. 한국의 국민소득이 일인당 일만 달러인데, 장차 삼만 달러이면 경제 사회상이 어떻게 변할 것인가를 살필 때 우리보다 앞서 발전하고 있는, 이를테면 삼만 달러 시절의 과거 일본 사회상을 통해 유추類推할 수 있다는 발상법이다. 이 말은 덕산의 이 스위스 연구는 국가경제력이 장차 높아질 때 예견되는 한국의 사회상을 내삽법으로 살필 수 있는 준거가 될 수 있다는 말이다.

스위스에 대한 한국의 시차적 관심

스위스의 국가발전 사례는 극동의 이 작은 나라만의 관심도 아니었고, 한편으로 대한민국으로선 가난에서 벗어나려고 몸부림치던 저개발국 시절의 관심만도 아니었다. 선진국 쪽은 스타인버그Jonathan Steinberg(1934-)의 『왜 스위스인가Why Switzerland?』(1996) 연구가 있다 한다. 스타인버그는 켐브리지 대학 교수를 역임한 유럽사 전공의 유태계 미국인인데, 이전에 나치시대에 독일 금융계의 움직임을 밝히는 데도 관여했다는 것.

무려 반세기의 터울을 두고 한국의 두 외교관이 적은 스위스 사례 연구는 하나는 절대가난을 벗어나려는 몸부림치던 시절에 적었던 덕산의 글이고, 또 하나는 압축성장을 자랑해 왔던 끝에 세계무역 십대국에 들었다는 '강소국強小國'이 책 속 소제목대로 불시에 "선진국 문턱에서 주저앉은 한국"이 되고 말았다는 문제인식을 바탕으로 풀어낸『스위스에서 배운다』(2013)는 2010년에 스위스 대사를 마지막으로 외교관 생활을 마감한 장철균張哲均(1950-)의 저술이다. 후자의 부제는 "21세기 대한민국 선진화전략"인데, 거기서 스위스 사례를 유의미하게 거론했다.

그런데 두 책의 가장 큰 차이점이라 하면 하나는 학술서이고, 또 하나는 참모보고서인 것이 서로 다르다는 점이 아닐까, 싶었다. 학술서는 무엇보다 대상을 바라보는 시각을 '이론적 개념틀theoretical framework'이란 이름으로 논의의 근거 개념틀을 제시한 뒤 거기에 따라 관찰한 바를 적는다.

개념틀에 따라 전개되는 학술서의 기술記述은 비록 과거의 사정에 대한 것일망정 상호관련이나 인과에 대한 논의로 말미암아 장차 사태를 내다볼 수 있는 개연성을 가진다. 이한빈의 스위스 책은 ① 경제 ② 사회제도 그리고 ③ 국민성과 역사를 논의대상으로 삼았는데, 이는 나라살림을 ① 삶 ② 틀 ③ 길이란 보편개념을 갖고 살필 수 있다는 명제에 따라서였다. 그래서 스위스 사례에서 한국이 배우려 한다면 그 보편개

넘 별로 착안해서 거기에 따라 우리에게 주는 시사점도 도출할 수 있고 전망도 내릴 수 있게 된다.

반면에 참모보고서는 골똘히 살펴본 대상을 비교적 포괄적으로 적은 일종의 수상隨想이다. 그만큼 장차에 대한 정책적 시사점은 제한적이다. 이 점은 훗날 적은 책이 앞서 나왔던 선배 외교관의 저술은 알고는 있었지만, 직접 참고했다는 언급이 없었음에서도 짐작이 간다.

하기야 좋은 도서관이 아니면 덕산의 반세기도 더 오랜 지난날의 책을 찾을 길 없었을 것이다. 이런 사정을 감안해서 2018년 한국미래학회 창립 50주년 기념으로 스위스 대사 시절, 학회 창립도 함께 꿈꾸면서 저술한 덕산의 책을 복간하기로 한 것이다.

인문주의자 덕산

덕산의 책은 요약의 말과 함께 한편의 시로 끝을 맺는다. "개인생활에 있어서 부지런하고 검약하고 저축하는 기풍이 생기고, 사회생활에 있어서 너그럽고 양보하고 이해하고 공동의 운명을 나의 운명으로 생각하고, 사회에 참여하는 뜻있는 시민이 많아지면 그때에 비로소 식산殖産과 단결이 생길 것이다. 이것이 국가발전의 첩경이요 우리가 스위스에서 배울 교훈이다."라고 적고는 우리말과 독일어로 적은 자작시 「눈Der Schnee」으로 끝맺는다.

"... 나는 이제 하직하련다/ 눈 속에 덮인 융프라우/ 암석과 초목을 하나로 덮은 눈/ 회상과 희망을 이어 다오./ 꿈을 아는 영봉이여/ 꿈을 펼 때까지/ 영감으로 지켜 다오/ 다시 올 때까지"

긴 산문을 시로 끝맺는 방식은 인문주의자의 아름다운 경지에 이른 이들이 구사하는 글쓰기 스타일이라 하던데, 덕산도 바로 그런 관행을 따르고 있다. 우리 전통문화에선 선비의 좋은 자기표현 능력이자 자락自樂의 경지를 일컬어 "시서화詩書畵 삼절三絶"이라 했고, 영미 쪽에선 시와 수필과 산문으로 두루 경지에 이른 경우를 '문필가man of letters'라며 선망했다.

동서양 가릴 것 없이 문자의 세계에선 시를 가장 높이 친다. 말의 순도 높은 진정성을 '시정신詩精神, poésie'에 있다고 보기 때문이다. 시정신의 구현인 시 짓기란 "서정적 자아의 소우주 속에서 순간적으로 세계가 조명됨"이라 했으니(유종호, 『시란 무엇인가』, 1995) 그만큼 "워드word에서 월드world를 읽는" 방식이 될 수 있다.

동서양 마찬가지로 시의 위상은 한마디로 높고 넓으며, 엄정하고 치열하다. "시를 공부하지 않고서는 말할 게 없다不學詩 無以言"고 까지 말했던 공자 말은 서양의 발상법도 다르지 않았다. 19세기 영국 유명 문필가 아널드Matthew Arnold(1822-88)는 "시는 인간의 가장 완벽한 발언"이라 했다. 시를 알지 못하고서는 말을 안다고 할 수 없다는 뜻이었다.

덕산의 스위스 시절은 직접 만남 그리고 편지를 주고받으며 교감을 깊이 나눈 바 있는 한국일보 최정호崔禎鎬(1933-) 유럽 특파원도 나중에 한 권의 책(김형국 편, 『같이 내일을 그리던 어제: 이한빈·최정호 왕복서한집』, 2007)으로 덕산의 스위스 책 집필 전후 사정을 잘 정리해 놓았다. 당신이 불혹의 나이에 이른 소감을 담은 한 편의 시를 작시·작곡한 노래악보와 함께 특파원에게 선물하기도 했다.

그때 덕산은 두 사람 사이를 "더불어 시를 말할 수 있음"이란 공자의 구절 '可與言詩(가여언시)'로 인용하기도 했다.

여기 우리 20세기 고전이

사회과학 서적은 명저라고 소문나도 그 유효 수명은 오 년이라 했다. 오 년을 넘긴 채로 계속 읽힌다면 그건 고전classic에 든다는 것이 유학시절에 주임 교수로부터 들었던 말이다. 지금도 유효한지는 별로 자신이 없다.

아무튼 '5년 시한설'에 따른다면 덕산의 스위스 책이 진작 절판되었던 점에선 고전이라고 말할 수 없다. 그러나 현대한국의 압축적 근대화를 예감하려 했던 해방 후 최초의 미래학적 저술이었다는 점에서 역사적인 책이라 할 수 있다. 미래를 만드는 것은 희망사항을 마음과 생각에 담아 그걸 위해 행동체계를 구사하는 사이에 이뤄진다는 "자기실현적 예측self-fulfilling prophesy"의 결과이기도 하다. 덕산의 저술은 바로 그런 경우인 점에서 한국미래학회 동학들 사이에서 복간을 결정했고 연후에 사계의 호응을 기대하려 한 것이다.

　덕산의 책은, 스위스 선진사례를 살핀 것은 역사적으로 민족국가가 개방체제를 가기 위해 시도하던, 우리도 포함된 19세기 동북아의 신사유람단紳士遊覽團에 담긴 발상의 후신後身이라 말할 수 있다. 세월이 흘러 글로벌시대에 이르자 국제관계는 다방면으로 나라 생존의 필수라는 점에 대해 조야가 같은 생각이 되었고, 그래서 대학마다 세계 각 지역을 연구하는 국제대학원의 존재가 정당해지고 성행하게 되었다. 덕산의 스위스 배우기는 바로 그 선행先行 시도였다고 말할 수 있다. 그래서 고전이라는 판단이다.

덕산德山 이한빈李漢彬 연보

1926 2월 9일 함경남도 함주군咸州郡 덕산면德山面 출생.

1943 일본 쿄토 도시샤同志社 대학 예과 입학.

1946 월남해서 서울대학교 영문학과 입학.

1949 미국 하버드대학 경영대학원 유학.

1951 한국인 최초로 경영학 석사학위 취득, 귀국 즉시 대한민국
      예산국 과장 부임.

1955 유정혜劉正惠(1932~)와 결혼.

1956 장남 원식苑植 출생.

1958 장녀 선이 출생.

1958 재무부 예산국장.

1961 5월 재무부 사무차관, 12월 주駐 제네바 공사.

1963 주 스위스대사, 이후 오스트리아·유럽경제공동체EEC 겸임
      대사.

1964 초대 주 바티칸 겸임공사.

1965 스위스대사 사임, 『작은 나라가 사는 길: 스위스의 경우』 동
      아출판사 출간.
      하와이 동서문화센터 연구교수.

1966 서울대학교 행정대학원 교수 겸 원장.

1968 영문『Korea : time, change and administration』East-West
      Center Press.
      국역판『사회변동과 행정』박영사 출간.
      한국미래학회 창설.
      서울대학교 행정대학원 도시 및 지역계획학과 창설(1973년
      에 서울대 환경대학원으로 발전).

1969   논문집 『국가발전의 이론과 전략』 박영사 출간.

1970   하와이 동서문화센터 신설 기술발전연구소 소장.
　　　　 『창조와 개척』 삼화출판사 출간.

1973   3월 숭전대학교 총장.

1977   아주공과대학 학장.

1978   수필집 『미래가 보이는 창』 정우사 출간.

1979   12월 부총리 겸 경제기획원 장관 부임(1980년 5월 퇴임).

1980   논설집 『미래로 가는 길』 샘터사 출간.

1981   한국과학원KAIST 이사장(1982년까지).

1982   수필집 『미래완료의 시관』 보이스사 출간.

1984   경희대학교 평화복지대학원 교수.

1986   소망교회 장로 취임.
　　　　 『문명국의 비전』 박영사 출간.

1987   한국과학기술연구원 이사장.
　　　　 논설집 『보통사람들의 시대』 박영사 출간.

1988   민주화합추진위원회 위원.
　　　　 국제민간경제위원회IPECK 회장(2년 재직).

1989   논설집 『2000년을 바라보면서』 나남 출간.

1990   '사랑의 쌀 나누기 운동' 실행위원장으로 1993년까지 봉사.

1991   '자유지성 300인회' 공동대표.
　　　　 '공명선거 실천시민운동 협의회' 공동대표.
　　　　 논설집 『한나라의 앞날』 박영사 출간.

1992   학교법인 숙명학원 이사장.
　　　　 논설집 『통일한국을 위한 경국책』 박영사 출간.

1993   러시아 Plekhanov Economic Academy 명예박사학위 받음.

1994   목포시 명예시민으로 추대 받음.

1995   광복50주년 기념사업위원회 위원.

1996   고희 기념으로 회고록『일하며 생각하며』조선일보사 출간.
       후학들이 만든『행정과 나라만들기』김광웅 편 박영사와
       『한국의 미래와 미래학』김형국 편 나남 출간.

1997   1994년경부터 고통 받아온 동맥경화 수술 받음.

1998   관상동맥 수술.

2000   늑막에 결핵이 발병해서 체력이 급격히 악화.

2002   호흡곤란 증세로 노블카운티 요양원에서 1년 9개월 투병.

2004   1월 21일 밤 장서長逝, 1월 26일 오전 10시 소망교회에서 장
       례예배,
       화장 후에 경기도 곤지암 소망수양관 '성도의 묘비'에 산골.

2004   6월 12일 경기도 곤지암 별서(경기도 광주군 실촌면 수양 2
       리 318-7)에서 한국미래학회 주관으로 조각가 이영학이 디
       자인한 추모비 제막식 거행.

2005   1월 21일, 코엑스 그랜드볼룸에서 후학들이 1주기 추모로
       적은『나라가 먼저지, 언제나 그렇지』문집 출판기념회 개
       최.

2007   최정호와 나눈 편지들을 담은 왕복 서한집.
       『같이 내일을 그리던 어제 – 이한빈·최정호의 왕복서한집』
       시그마프레스 출간.

2012   5월 31일 유족(부인 유정혜 여사, 아들 이원식 전 삼성전자
       부사장, 딸 이선이 아주대 사회학과 교수)이 기부금 5.2억
       원으로 운용하는 '이한빈 희망장학금' 운용협약식을 서울대

행정대학원과 체결.

2013   한국미래학회 7회 연속 '덕산미래 강좌' 개최.

2020   한국미래학회 창립 50주년(2018) 기념사업으로
       『작은 나라가 사는 길: 스위스의 경우』를 열화당에서 복간

* 복간 원본의 판권은 183면에 있습니다.